RACISMO, SEXISMO E DESIGUALDADE NO BRASIL

Dados Internacionais de Catalogação na Publicação (CIP)
(Câmara Brasileira do Livro, SP, Brasil)

Carneiro, Sueli
   Racismo, sexismo e desigualdade no Brasil / Sueli Carneiro
– São Paulo: Selo Negro, 2011. – (Consciência em debate/coordenadora Vera Lúcia Benedito)

ISBN 978-85-87478-46-7

1. Desigualdade social 2. Direitos humanos 3. Discriminação – Brasil 4. Negros – Relações sociais 5. Preconceitos – Brasil 6. Racismo – Brasil 7. Sexismo – Brasil I. Benedito, Vera Lúcia. II. Título. III. Série.

11-02640   CDD-305.896081

Índice para catálogo sistemático:

1. Brasil : Negros : Racismo, sexismo e desigualdade :
   Sociologia   305.896081

EDITORA AFILIADA

Compre em lugar de fotocopiar.
Cada real que você dá por um livro recompensa seus autores
e os convida a produzir mais sobre o tema;
incentiva seus editores a encomendar, traduzir e publicar
outras obras sobre o assunto;
e paga aos livreiros por estocar e levar até você livros
para a sua informação e o seu entretenimento.
Cada real que você dá pela fotocópia não autorizada de um livro
financia um crime
e ajuda a matar a produção intelectual de seu país.

RACISMO, SEXISMO E DESIGUALDADE NO BRASIL

Sueli Carneiro

Consciência em debate

RACISMO, SEXISMO E DESIGUALDADE NO BRASIL
Copyright © 2011 by Sueli Carneiro
Direitos desta edição reservados por Summus Editorial

Editora executiva: **Soraia Bini Cury**
Editora assistente: **Salete Del Guerra**
Coordenadora da coleção: **Vera Lúcia Benedito**
Projeto gráfico de capa e miolo: **Gabrielly Silva/Origem Design**
Diagramação: **Acqua Estúdio Gráfico**

12ª reimpressão, 2025

Selo Negro Edições
Departamento editorial
Rua Itapicuru, 613 – 7º andar
05006-000 – São Paulo – SP
Fone: (11) 3872-3322
http://www.selonegro.com.br
e-mail: selonegro@selonegro.com.br

Atendimento ao consumidor
Summus Editorial
Fone: (11) 3865-9890

Vendas por atacado
Fone: (11) 3873-8638
e-mail: vendas@summus.com.br

Impresso no Brasil

Para
Luanda, minha lua linda.

Sumário

Prefácio – Edson Lopes Cardoso   9

DIREITOS HUMANOS
1. A questão dos direitos humanos e o combate às desigualdades: discriminação e violência   15
2. Pelo direito de ser   42

INDICADORES SOCIAIS
3. Os negros e o Índice de Desenvolvimento Humano   49
4. Realidade estatística   53
5. Pobreza tem cor no Brasil   57

RACISMOS CONTEMPORÂNEOS
6. A dor da cor   63
7. A miscigenação racial no Brasil   66
8. Negros de pele clara   70
9. Racismo na educação infantil   74
10. Colorindo egos   78
11. Viveremos!   82
12. A sombra de seu sorriso   86
13. Em legítima defesa   90

COTAS

14. Focalização *versus* universalização   97
15. Nós?   100
16. Valeu, Zumbi!   103

MERCADO DE TRABALHO

17. O combate ao racismo no trabalho   109
18. Trabalho e exclusão racial   113

GÊNERO

19. Construindo cumplicidades   119
20. "Aquelas negas"   123
21. O matriarcado da miséria   127
22. Biopoder   131

CONSCIÊNCIA NEGRA GLOBAL

23. Pós-Durban   137
24. Brasil, Estados Unidos e África do Sul   141
25. *Hoch lebe* Zumbi dos Palmares   145
26. Genebra   149
27. Os retornados   153

IGUALDADE RACIAL

28. Um Brasil para todos   159
29. Pela igualdade racial   163
30. Fora do lugar   166

TEMPO PRESENTE

31. *At last*   173
32. Mandela, Buscapé e Beira-Mar   176
33. Barbárie   180
34. *Odô Iya*   183
35. O teste do pezinho   187

Prefácio

"A causa a que devotei boa parte da minha vida não prosperou. Espero que isso me tenha transformado em um historiador melhor, já que a melhor história é escrita por aqueles que perderam algo. Os vencedores pensam que a história terminou bem porque eles estavam certos, ao passo que os perdedores perguntam por que tudo foi diferente, e essa é uma questão muito mais relevante."

Eric Hobsbawm

Em 1984, escrevia o então deputado federal Abdias Nascimento:

A maneira perversa de o racismo brasileiro tornar invisível e inaudível uma população de cerca de 80 milhões de brasileiros é um fenômeno notável no mundo contemporâneo. Os interesses do povo afro-brasileiro são escamoteados em um passe de magia branca pelos meios de comunicação de massa, e a impressão superficial que se tem da sociedade brasileira é a de que, em matéria de convívio interétnico, o Brasil vive no melhor dos mundos.

Sueli Carneiro

E acrescentava que, excetuando-se alguns sambistas e jogadores de futebol,

aos assuntos sérios enfrentados pela família negra não são concedidos quaisquer espaços para sua exposição ou debate. Meus pronunciamentos e projetos de lei que tratam desses problemas, consistentemente bloqueados pela muralha de silêncio, jamais têm a oportunidade de chegar até o público neles interessado.

Trago aqui esse testemunho de Abdias para que possamos dimensionar o significado da coluna de opinião mantida por Sueli Carneiro, durante sete anos, no jornal *Correio Braziliense*, de cujo acervo se extraiu a maior parte dos textos deste livro.

Não há observador imparcial que não reconheça o fato grandioso de que um único parlamentar, em um esforço gigantesco, conseguiu, por meio de pronunciamentos e encaminhamento de projetos, dar visibilidade no parlamento às aspirações da população negra, denunciando, por um lado, seu cotidiano opressivo e, por outro, rearticulando os fios de sua memória histórica e coletiva.

Quase duas décadas depois, na conjuntura pós-Marcha Zumbi dos Palmares – um duro golpe nos mecanismos de controle que afastavam a mobilização dos negros da pressão direta sobre as instituições de governo –, Sueli Carneiro manteve em um importante jornal brasileiro, durante alguns anos decisivos, uma coluna de opinião, na qual buscou articular os temas em evidência naquele momento às pressões do movimento negro por espaço social e político.

Excetuando os artigos abolicionistas de José do Patrocínio, na década de 1880, não conheço outra manifestação em um grande órgão da imprensa em que a realidade brasileira fosse posta em questão, sistematicamente, de uma perspectiva negra.

Uma pequena fresta que Sueli Carneiro soube aproveitar e transformar, como fizera Abdias no parlamento, trouxe nova luz para uma temática historicamente rebaixada em nossos meios de comunicação. A cada quinzena, sua voz decidida expressava a maturação do pensamento político que se espraiava a partir do meio negro, abrindo caminho para a reflexão sobre os limites de nossa "democracia".

É preciso ainda considerar que a "muralha de silêncio" a que se referiu Abdias não era mais suficiente para dar conta das pressões do ativismo político negro na luta pelo acesso a recursos públicos que pudessem sustentar políticas de combate ao racismo e de superação das desigualdades raciais.

Como já escrevi em 2007[1], "os principais veículos da grande mídia, de forma articulada, descarregaram suas baterias com tal intensidade que me fizeram evocar as 'profecias de terror' com as quais os escravistas resistiram aos abolicionistas no século XIX, segundo relato de José do Patrocínio".

Já não se fala, como no passado, em aniquilamento da colheita, em retração do capital e diminuição da renda. Os profetas do terror contemporâneo se dizem acuados por fantásticas falanges negras neonazistas que disseminam o racismo e ameaçam botar fogo no inestimável patrimônio do "Grande País Miscigenado", pondo em risco o mérito e a qualidade do ensino superior e jogando no mercado profissionais "despreparados".

....

1. "Profetas do terror e a distorção da história", editorial do jornal *Ìrohìn*, ano XII, n. 20, 27 jul. 2007, p. 2.

É esse bombardeio discriminatório, com fortes conotações de aversão e repulsa e a predominância de um tratamento visivelmente tendencioso, que serve de moldura aos textos de Sueli Carneiro, que soube extrair dessa frente de disputa ideológica uma força extraordinária.

O leitor deste livro oportuno e necessário será guiado, com grande sensibilidade e discernimento, por uma intelectual que não deu as costas às tarefas políticas que permanecem na ordem do dia. O testemunho aqui registrado deverá contribuir para a reflexão sobre as razões do refluxo da mobilização negra. Na campanha presidencial de 2010, os temas abordados por Sueli Carneiro não estavam, a rigor, na pauta dos candidatos que se propuseram a governar o país nos próximos quatro anos, nem na de seus críticos.

A esse respeito existe, portanto, um grande consenso: se há legitimidade para muitos conflitos que apareceram aqui e ali nos debates dos candidatos à presidência da República, parece ter ficado estabelecido entre as partes que não se deveria fazer menção às relações raciais, ao racismo, às desigualdades raciais.

E mesmo as sugestões daqueles que criticavam a pobreza dos debates, e aproveitavam para sugerir temas ausentes, não incluíam nenhuma alusão às políticas de superação das desigualdades criadas pelo racismo e por práticas de discriminação racial. Este livro nos ajudará, repito, na reflexão que precisamos fazer sobre a relação entre a sociedade civil e os partidos políticos; a maioria da população, os afro-brasileiros, e seus governantes; e, finalmente, entre a nação e o Estado.

Edson Lopes Cardoso
Jornalista e diretor do jornal *Ìrohìn*.

DIREITOS HUMANOS

1
A questão dos direitos humanos e o combate às desigualdades: discriminação e violência[2]

RAÇA E DIREITOS HUMANOS NO BRASIL

É de Joaquim Nabuco a compreensão de que a escravidão marcaria por longo tempo a sociedade brasileira porque não seria seguida de medidas sociais que beneficiassem política, econômica e socialmente os recém-libertados. Na base dessa contradição perdura uma questão essencial acerca dos direitos humanos: a prevalência da concepção de que certos humanos são mais ou menos humanos do que outros, o que, consequentemente, leva à naturalização da desigualdade de direitos. Se alguns estão consolidados no imaginário social como portadores de humanidade incompleta, torna-se natural que não participem igualitariamente do gozo pleno dos direitos humanos. Uma das heranças da escravidão foi o racismo científico do século XIX, que dotou de

....

2. Publicado originalmente no *Correio Braziliense*, 2 set. 2010.

suposta cientificidade a divisão da humanidade em raças e estabeleceu hierarquia entre elas, conferindo-lhes estatuto de superioridade ou inferioridade naturais. Dessas ideias decorreram e se reproduzem as conhecidas desigualdades sociais que vêm sendo amplamente divulgadas nos últimos anos no Brasil.

O pensamento social brasileiro tem longa tradição no estudo da problemática racial e, no entanto, em quase toda a sua história, as perspectivas teóricas que o recortaram respondem, em grande parte, pela postergação do reconhecimento da persistência de práticas discriminatórias em nossa sociedade. Nadya Araujo Castro desenhou o percurso pelo qual passou o pensamento social brasileiro sobre as relações raciais, e percebeu que ele foi se transformando por meio das diferentes óticas pelas quais foi abordado, o que teve início no pessimismo quanto à configuração racial miscigenada da sociedade brasileira – corrente no fim do século XIX até as primeiras décadas do século XX, como atestam os pensadores Sílvio Romero, Paulo Prado, Nina Rodrigues, entre outros –, passando pela visão idílica sobre a natureza das relações raciais constituídas no período colonial e determinantes na predisposição racialmente democrática da sociedade brasileira, que tem em Gilberto Freyre sua expressão maior e mais duradoura. Existem ainda visões que consideram a questão racial como reminiscência da escravidão, fadada ao desaparecimento, tanto mais se distancie no tempo daquela experiência histórica, ou como subproduto de contradições sociais maiores, ditadas pela análise materialista dialética que as informava, como afirma Florestan Fernandes. Para Castro, nessa leitura, "a desigualdade racial era descrita como um epifenômeno da desigualdade de classe.

Mesmo ali onde estereótipos e preconceitos contra negros eram expressamente manifestos, eles eram analisados antes como atos verbais que como comportamentos verdadeiramente discriminatórios"[3].

O novo ponto de inflexão nesse pensamento emerge na obra de Carlos Hasenbalg, na qual, pela primeira vez, as desigualdades raciais são realçadas com base na perspectiva de que discriminação e racismo são tomados como variáveis independentes e explicativas de tais desigualdades.

Essas concepções conformam as duas matrizes teóricas e/ou ideológicas em disputa na sociedade. De um lado, o mito da democracia racial ao desrracializar a sociedade por meio da apologética da miscigenação que se presta historicamente a ocultar as desigualdades raciais. Como afirma o sociólogo Carlos Hasenbalg, esse mito resulta em "uma poderosa construção ideológica, cujo principal efeito tem sido manter as diferenças inter-raciais fora da arena política, criando severos limites às demandas do negro por igualdade racial"[4]. E é essa mistificação que ressurge, como veremos adiante, para cooperar com a epígrafe no que adverte para a "repetição do passado no presente".

De outro lado, a força do pensamento de esquerda, que, ao privilegiar a perspectiva analítica da luta de classes para

....

3. Castro, Nadya Araujo. "Trabalho e desigualdades raciais: hipóteses desafiantes e realidades por interpretar". In: Castro, Nadya Araujo; Barreto, Vanda de Sá (orgs.). *Trabalho e desigualdades raciais*. São Paulo: Annablume, 1998, p. 25.
4. Hasenbalg, C. A.; Silva, N. V. "Raça e oportunidades educacionais no Brasil". Fundação Carlos Chagas (SP), Cadernos de Pesquisa, n. 73, maio 1987, p. 80.

a compreensão de nossas contradições sociais, põe as desigualdades raciais de lado, obscurecendo o fato de a raça social e culturalmente construída ser determinante na configuração da estrutura de classes em nosso país. Essa inscrição e essa subordinação da racialidade no interior da luta de classes se iniciam inspirando perspectivas militantes que buscam articular raça e classe como elementos estruturantes das desigualdades sociais no país.

Mais recentemente, economistas vêm qualificando a magnitude dessas desigualdades a ponto de, neste momento, podermos afirmar que vivemos em um país apartado racialmente. De fato, as disparidades nos Índices de Desenvolvimento Humano entre brancos e negros revelam que o segmento da população brasileira autodeclarado branco apresenta em seus indicadores socioeconômicos – renda, expectativa de vida e educação – padrões de desenvolvimento humano compatíveis com os de países como a Bélgica, enquanto o segmento da população brasileira autodeclarado negro (pretos e pardos) apresenta índice de desenvolvimento humano inferior ao de inúmeros países em desenvolvimento, como a África do Sul, que, há menos de duas décadas, erradicou o regime do *apartheid*. Sociologia e economia são áreas que vêm consolidando uma nova percepção sobre a importância do racialidade na configuração das desigualdades sociais no Brasil, tornando-a variável estrutural para a compreensão e superação do problema social no país.

Apesar disso, as duas ideologias – o mito da democracia racial e a perspectiva da luta de classes – têm em comum, portanto, a minimização ou o não reconhecimento e/ou a invisibilidade da intersecção de raça para as questões dos direitos humanos, da justiça social e da consolidação democrática, elementos que dificultam a erradicação das desigualdades raciais nas políticas públicas.

O GOVERNO LULA E A QUESTÃO RACIAL

Deve-se reconhecer, a bem da verdade histórica, que Fernando Henrique Cardoso, em coerência com sua produção acadêmica sobre o negro, foi o primeiro presidente na história da República brasileira a declarar em seu discurso de posse que havia um problema racial no Brasil e que era necessário enfrentá-lo com audácia política. Como consequência, em seu governo as primeiras políticas de inclusão racial foram gestadas e implementadas, sendo grandemente impulsionadas pelo processo de construção da participação do Brasil na Conferência Mundial contra o Racismo, a Discriminação Racial, a Xenofobia e Formas Correlatas de Intolerância, que ocorreu em Durban, África do Sul, em 2001.

Em linha de continuidade, e acrescido das propostas organizadas no documento "Brasil sem Racismo", o presidente Lula aprofundou esse compromisso com a erradicação das desigualdades raciais. Pode-se dizer, no entanto, que seu primeiro mandato caracterizou-se por gestos simbólicos de grande envergadura e tibieza na implementação das medidas concretas de promoção da igualdade racial.

Entre os gestos simbólicos, destacam-se a presença de Matilde Ribeiro na equipe de transição de governo e de Paulo Paim na primeira vice-presidência do Senado Federal, as nomeações de Benedita da Silva para a pasta de Assistência Social, de Gilberto Gil para a de Cultura e de Marina Silva para a do Meio Ambiente, além da criação da Secretaria de

Promoção da Igualdade Racial com *status* de Ministério sob a liderança de Matilde Ribeiro, a presença de Muniz Sodré e de representantes da Articulação de ONGs de Mulheres Negras Brasileiras no Conselho de Desenvolvimento Econômico e Social (CDES) e a indicação de ministro a Joaquim Benedito Barbosa Gomes para o STF.

Inegavelmente, em nenhum outro governo houve esse número de pessoas negras ocupando postos de primeiro escalão em franca sinalização para a sociedade de uma política de reconhecimento e inclusão dos negros em instâncias de poder. Se as ações de governo historicamente são sempre consideradas demasiadamente tímidas perante as expectativas dos movimentos sociais, há, nesse caso, decisões importantes sobre o tema que avançam em relação ao que foi realizado anteriormente.

No âmbito da implementação das políticas públicas há avanços, fracassos e recuos.

O exemplo mais emblemático da ambiguidade do governo na abordagem da questão racial está no seu tratamento no Plano Plurianual (PPA). No *paper* "O recorte de raça no plano plurianual 2004-2007 com transversalidade de gênero e geração"[5], de Iradj Egrare, a primeira constatação do autor é a "ausência generalizada da transversalidade de raça nas políticas públicas brasileiras". Observa que o PPA 2000-2003

....

5. EGRARE, Iradj. "O recorte de raça no plano plurianual 2004-2007 com transversalidade de gênero e geração". Brasília: CFMEA, 2004. Disponível em: <http://www.cfemea.org.br/index.php?option=com_content&view=article&id=1541:o-recorte-de-raca-no-plano-plurianual-2004-2007-com-transversalidade-de-genero-e-geracao&catid=209:artigos-e-textos&Itemid=143>. Acesso em: 11 fev. 2011.

incluiu entre seus 28 macro-objetivos apenas um, definido como cultura afro-brasileira, o que, para o autor, reflete a visão governamental de tratar "as características da população afrodescendente como mera peculiaridade cultural" – além de ressaltar que a "promoção da cidadania dos afrodescendentes extrapola qualquer valorização restrita ao campo da cultura, permeando os campos da segurança pública, prevenção e superação da violência, acesso a serviços de educação, saúde, lazer, esporte, transporte, moradia, dentre outros" (*ibidem*, p. 3).

O trabalho de Egrare busca identificar as tendências expressas no processo de elaboração do PPA 2004-2007. Nesse sentido, ressente-se da análise da forma final adquirida pelo PPA. Aponta o confinamento ou a restrição do tema das desigualdades raciais ao item 09 (desafio) das 12 diretrizes do Megaobjetivo I: Inclusão social e redução das desigualdades sociais. Tal confinamento traduz a inexistência de perspectiva transversal no tratamento do tema para o autor, que evidencia ainda as disparidades entre a carta de intenções do governo e o documento "Plano Brasil de Todos", no qual o silenciamento e o ocultamento das variáveis de raça e gênero no plano plurianual contrariam a suposta vontade política expressa no documento "Um Brasil para Todos". Em artigo de Mário Theodoro escrito em 2004[6], esse aparente paradoxo identificado por Egrare alcança explicação. O autor identifica o próprio Estado brasileiro como agente reprodutor das desigualdades raciais em dois níveis: na ação e no funciona-

---

6. THEODORO, Mário. "Os dois níveis do racismo institucional". Jornal *Ìrohìn*, Brasília, ano IX, n. 6, ago./set. 2004, p. 15-16.

mento da máquina estatal. No plano da ação, apesar da conquista dos movimentos negros de inscrever a redução das desigualdades raciais entre os grandes desafios do PPA 2204-2007, adverte o autor que, ao contrário do que ocorre com outros desafios, este "não se traduziu em programas finalísticos e ações específicas. Manteve-se como programa de gestão, o que, na prática, o engessa como intenção e inação". Theodoro analisa ainda contradições semelhantes em outros instrumentos da ação governamental, como a Lei de Diretrizes Orçamentárias (LDO) e o Orçamento Anual (LOA), e no eixo relativo ao funcionamento da máquina e conclui que, para alterar a lógica que orienta o Estado brasileiro no trato da questão racial, é mister:

- refundar a questão racial no Brasil;
- resgatar o aparato legal e institucional vigente;
- introduzir a transversalidade e a ideia da promoção da igualdade racial como vetor básico da ação dos ministérios e demais órgãos do Poder Executivo;
- introduzir ações de formação do corpo técnico federal para a problemática da desigualdade racial.

A visão de Theodoro, assim como os desafios por ele arrolados, dá a dimensão das dificuldades que se apresentam para os movimentos negros realizarem uma ação política eficaz no campo das políticas públicas de corte racial. O gesto concreto de vontade política em relação a um problema social é, além do próprio reconhecimento do problema, a alocação de recursos para a viabilização dessas políticas, pois, tal como conclui o autor, o que temos até o momento é um desafio norteador da ação do governo. Falta-lhe, no entanto, conteúdo. Deveria se desdobrar em diferentes programas finalísticos com indicadores fixados, e esses programas devem ser desmembrados em ações setoriais com metas especificadas. Metas e indicadores que tenham uma dimensão maior, do tamanho do desafio. Propor programas e ações – indicadores e metas – implica direcionamento de recursos para o desafio já existente.

Dentre os principais avanços está a promulgação da Lei n. 10.639/03, de 9 de janeiro de 2003, que alterou a de n. 9.394, de 20 de dezembro de 1996, ao estabelecer as diretrizes e bases da educação nacional e instituir no currículo oficial da Rede de Ensino a obrigatoriedade da temática "História e cultura africana e afro-brasileira". Trata-se de um marco na educação brasileira, porque introduz uma forma de valorizar a participação dos afro-brasileiros na história do país, e de resgatar os valores culturais africanos. Além da instituição da temática no currículo, o decreto inclui no calendário escolar, conforme o artigo 79-B, o dia 20 de novembro como o Dia Nacional da Consciência Negra. O presidente Lula, porém, vetou artigo da lei segundo o qual as disciplinas História do Brasil e Educação Artística deveriam dedicar pelo menos 10% do seu conteúdo programático à temática negra. Esse artigo foi considerado inconstitucional por não observar os valores sociais e culturais das diversas regiões do país. Também foi vetado o artigo que determinava que os cursos de capacitação de professores contassem com a participação de entidades do movimento afro-brasileiro, de universidades e de outras instituições de pesquisa

Sueli Carneiro

pertinente à matéria. Esse artigo foi considerado inconstitucional por incluir na Lei de Diretrizes e Bases da Educação Nacional assunto estranho a essa lei, que em nenhum dos seus artigos faz menção a cursos de capacitação de professores. Segundo o Ministério da Educação e Cultura (MEC), os parâmetros curriculares nacionais do ensino fundamental e médio já recomendam que a diversidade cultural, étnica e religiosa esteja nos currículos. No entanto, os avanços na implantação dessa lei dependem dos mesmos atores de sempre, os movimentos sociais, como é o caso da representação do Instituto Audiofone de Reabilitação Auditiva (Iara) e outras entidades ao Ministério Público Federal para a implementação da Lei n.10.639/03 em todo o país. Uma das vitórias dessa iniciativa é o fato de o juiz da infância Guaraci Viana, do Rio de Janeiro, ter intimado o MEC e demais órgãos competentes da capital a cumprirem de imediato a lei federal que institui o ensino obrigatório de história africana e cultura afro-brasileira nos colégios. Viana acatou ação movida por entidades do movimento negro, liderada pelo Instituto de Advocacia Racial e Ambiental (Iara).

Na área da saúde celebra-se o fato de o Conselho Nacional de Saúde ter aprovado, por unanimidade, a Política Nacional de Saúde Integral da População Negra. Tal decisão representa o reconhecimento pelo governo brasileiro das iniquidades raciais no acesso à saúde, expondo desproporcionalmente pessoas negras à mortalidade e à morbidade por causas que podem ser prevenidas e evitadas. Dentre elas destacam-se a mortalidade infantil de crianças até 1 ano de idade e o descaso na prevenção de doenças prevalentes entre a população negra, como diabetes, hipertensão arterial ou anemia falciforme e miomatoses. Os níveis superiores de mortalidade materna entre mulheres negras é resultado das diferenças percebidas, pelos estudiosos do tema, na assistência à gravidez, ao parto e ao puerpério, que se mostram desfavoráveis às mulheres negras.

Esse conjunto de fatores está enquadrado pelos especialistas da área de saúde no conceito de racismo institucional, que se refere à

> incapacidade coletiva de uma organização de prover um serviço apropriado ou profissional para as pessoas devido à sua cor, cultura ou origem racial/étnica. Ele pode ser visto ou detectado em processos, atitudes e comportamentos que contribuem para a discriminação por meio de preconceito não intencional, ignorância, desatenção e estereótipos racistas que prejudicam determinados grupos raciais/étnicos, sejam eles minorias ou não.[7]

Como no caso da Lei n. 10.639/03, a implementação do plano deve-se à ação de sensibilizar os profissionais de saúde pelas organizações dos movimentos sociais, em especial das de mulheres negras.

O reconhecimento do racismo institucional como uma questão estratégica do combate ao racismo e da reprodução das desigualdades raciais pelo governo tem sua expressão também no Projeto Combate ao Racismo Institucional – parceria entre o Ministério do Governo Britânico para o Desenvolvimento Internacional (DFID) e o Programa das Nações Unidas para o Desenvolvimento (Pnud), que elaboraram um

....

7. Commission for Racial Equality (CRE/UK), 1999, p. 2.

projeto de cooperação com prefeituras da região Nordeste e organizações da sociedade civil. Por meio do Programa de Combate ao Racismo Institucional, as instituições públicas poderiam se capacitar para superar os entraves ideológicos, técnicos e administrativos, que dificultam o enfrentamento dos efeitos combinados do racismo e do sexismo, poderosos obstáculos ao acesso ao desenvolvimento.

Outros programas governamentais de significativa importância para a população negra até o momento fracassaram, como o Primeiro Emprego, que previa o incentivo às empresas como mecanismo de combate à discriminação de jovens de grupos discriminados, por exemplo negros, mulheres e deficientes. Porém, é na área de segurança pública que, sobretudo, os jovens negros encontram-se expostos a uma matança, semelhante ao genocídio, quando há absoluta inação da parte do governo.

Percebe-se, por fim, o recuo do governo em relação aos projetos de lei que preveem a reserva de cotas para negros, índios e alunos oriundos de escolas públicas e ao Estatuto da Igualdade Racial, que desencadearam uma ofensiva conservadora jamais vista na sociedade brasileira.

A REAÇÃO CONSERVADORA

"Não obstante, o dilema social representado pelo negro liga-se à violência dos que cultivaram a repetição do passado no presente." [8]

....

8. FERNANDES, Florestan. "Luta de raças e classes". *Teoria e Debates,* n. 2, mar. 1988. Disponível em: http://www3.fpabramo.org.br/o-que-fazemos/editora/teoria-e-debate/edicoes-anteriores/sociedade-luta-de-racas-e-de-classes. Acesso em: 13 fev. 2011.

A possibilidade de aprovação de dispositivos legais que institucionalizariam a política de cotas e de promoção da igualdade racial motivou o manifesto assinado por parte da *intelligentsia* nacional endereçado ao Congresso Nacional, deputados e senadores, pedindo-lhes que recusem o PL n. 73/1999 (PL das Cotas) e o PL n. 3.198/2000 (PL do Estatuto da Igualdade Racial). Alegam que o Estatuto e as cotas raciais rompem com o princípio da igualdade e ameaçam a República e a democracia.

Como vimos em diferentes artigos, e aqui cabe novamente reiterar, as políticas de ações afirmativas têm sido implementadas na diversidade enorme de países. Elas têm sido praticadas para atender a diferentes segmentos da população que por questões históricas, culturais ou de racismo e discriminação foram prejudicados em sua inserção social e participação igualitária no desenvolvimento desses países. Além dos Estados Unidos, há exemplos na Inglaterra, no Canadá (indígenas, mulheres e negros), na Índia (desde a Constituição de 1948 foram previstas medidas especiais de promoção dos *dalits*, os intocáveis), Colômbia (indígenas), Austrália, Nova Zelândia, Malásia (o grupo étnico majoritário, bumiputra), União Soviética (4% das vagas da Universidade de Moscou para habitantes da Sibéria), Israel (*falashas*, judeus de origem etíope), Alemanha (mulheres), Nigéria (mulheres), Sri Lanka, África do Sul, Noruega, Bélgica (imigrantes), Líbano (participação política das diferentes seitas religiosas), China e Peru.

Em 2006, a Índia anunciou que vai enviar ao parlamento um projeto de lei que dobra o número de vagas destinadas às minorias no sistema de cotas para universidades federais. Segundo o projeto, quase metade das vagas nas faculdades profissionalizantes públicas será destinada às castas mais baixas e às classes chamadas de "tradicionalmente desfavorecidas". Atualmente, 22,5% das vagas nas faculdades são reservadas aos *dalits*, ou intocáveis, e a estudantes tribais. Segundo o novo projeto, o número de vagas reservadas vai passar para 49,5%. A Índia é um dos países que mais nos causam inveja em termos de crescimento econômico e desenvolvimento científico e tecnológico. É provável que parte essencial dessa *performance* se deva ao investimento efetivo que ela faz no desenvolvimento de seus recursos humanos pela educação. Enquanto lá, desde 1948, essas medidas especiais para a promoção de grupos "desfavorecidos" existem como política de Estado, no Brasil as ações afirmativas patinam em um debate escapista, fundado na defesa da suposta meritocracia, que esconde o desejo de permanência do *status quo*, o qual, historicamente, produz privilégios, além de reproduzir e ampliar as desigualdades raciais e retardar o desenvolvimento.

No entanto, essas iniciativas são ocultadas por aqueles que são contrários às cotas, mais que isso: ao focarem a sua crítica tomando como referência exclusiva a experiência estadunidense, buscam extrair o benefício indireto à sua tese do suposto ou latente sentimento antiamericano tão em voga no mundo, forçam a associação de dependência dos negros brasileiros com as teses dos movimentos negros afro-americanos como expressão de imperialismo cultural de segunda linha e construção de uma problemática inexistente no Brasil.

Em nenhum país em que as cotas foram aplicadas, como nos casos mencionados, há notícias de que tenham provocado tamanha hecatombe, mas, curiosamente, esses in-

Racismo, sexismo e desigualdade no Brasil

telectuais temem que isso possa ocorrer precisamente no país da "democracia e cordialidade racial". Segundo os intelectuais contemporâneos contrários ao Estatuto, "se entrar em vigor, representará uma mudança essencial nos fundamentos políticos e jurídicos que sustentam a nação brasileira"[9].

Como foi apontado, as cotas foram adotadas em países desenvolvidos e em desenvolvimento sem que em nenhum deles fossem abalados os fundamentos políticos e jurídicos que alicerçam essas nações.

Esses intelectuais aferram-se ao princípio universalista liberal vigente no início do século XX escamoteando a contribuição de pensadores contemporâneos, tais como Norberto Bobbio, John Rawls, Charles Taylor, entre outros, que alargaram a noção de democracia e igualdade e deram sustentação teórica a muitas das experiências de ações afirmativas adotadas no mundo. Intencionalmente, esse artifício oculta as ressignificações empreendidas pela ciência política, as definições substantivas que elas adquiriram na formulação daqueles que buscam teórica e politicamente a equalização de direitos.

É Norberto Bobbio quem nos mostra sob que condições é possível assegurar a efetivação dos valores republicanos e democráticos. Para ele, impõe-se a noção de igualdade substantiva, um princípio igualitário, porque "elimina uma discriminação precedente". Bobbio compreende a igualdade formal entre os homens como uma exigência da razão que

....

9. MAGNOLI, Demétrio. "Constituição do racismo". *Folha de S.Paulo*, São Paulo, 12 jan. 2006, p. A2.

não tem correspondência com a experiência histórica ou com dada realidade social, o que resulta "na afirmação e no reconhecimento dos direitos políticos, [pois] não se podem deixar de levar em conta determinadas diferenças, que justificam um tratamento não igual. Do mesmo modo, e com maior evidência, isso ocorre no campo dos direitos sociais"[10].

Para Rawls, a noção de diferença vai sustentar tanto a ideia de desigualdade quanto seu reconhecimento como fundamento da realização da igualdade entre desiguais. Conforme o autor,

> o princípio [da diferença] determina que a fim de tratar as pessoas igualitariamente, de proporcionar genuína igualdade de oportunidades, a sociedade deve dar mais atenção àqueles com menos dotes inatos e aos oriundos de posições sociais menos favoráveis. A ideia é reparar o desvio das contingências na direção da igualdade.[11]

Para além das contribuições da ciência política, a jurisprudência nacional tem dado sustentação às teses defendidas pelos militantes antirracistas. O caso do Siegfried Ellwanger, condenado pelo crime de racismo por edição de obra antissemita, é emblemático nessa direção. Em primeiro lugar, no acórdão desse caso, o ministro Gilmar Mendes defende a ideia de que a Constituição compartilha o sentido de que "o

....

10. BOBBIO, Norberto. *A era dos direitos*. Trad. Carlos Nelson Coutinho. Rio de Janeiro: Campus, 1992, p. 71.

11. RAWLS, John. *Uma teoria de Justiça*. Trad. Almiro Pisetta e Lenita Maria Rímoli Esteves. 2. ed. São Paulo: Martins Fontes, 2002, p. 107.

Racismo, sexismo e desigualdade no Brasil

racismo configura conceito histórico e cultural assente em referências supostamente raciais, aqui incluído o antissemitismo". O ministro Nelson Jobim recusou o argumento da defesa, segundo o qual judeus seriam um povo, e não uma raça, e por isso não estariam ao abrigo do crime de racismo como disposto na Constituição. Entendeu o ministro que essa visão "parte do pressuposto de que a expressão 'racismo' usada na Constituição teria uma conotação e um conceito antropológico que não existem". A ministra Ellen Gracie, por sua vez, entendeu, ao contrário do que professam os cientistas nacionais empenhados em desconstituir os negros de sua racialidade histórica e apoiar as teses dos que consideram que "não somos racistas", que "é impossível [...] admitir-se a argumentação segundo a qual, se não há raças, não é possível o delito de racismo".

E, por fim, o ministro Marco Aurélio Mello, do Supremo Tribunal Federal (STF), indica que construir a igualdade requer, em princípio, reconhecer a desigualdade historicamente construída:

Temos o dever cívico de buscar tratamento igualitário para todos os cidadãos, e isso diz respeito a dívidas históricas. O setor público deve, desde já, independentemente da vinda de qualquer diploma legal, dar à prestação de serviços outra conotação, lançando em editais a imposição em si de cotas, que visem contemplar as minorias.[12]

....

12. Frase proferida durante o seminário Discriminação e Sistema Legal Brasileiro, ocorrido no Tribunal Superior do Trabalho em 20 de novembro de 2001.

Mas os intelectuais empenhados no combate às cotas e ao Estatuto passam, intencionalmente, ao largo de todo esse acúmulo democrático de qual são os novos direitos conquistados por novos sujeitos políticos em diferentes arenas, que teve como palco privilegiado a agenda social das Nações Unidas, cumprida durante a década de 1990, a qual se conclui com a Conferência contra o Racismo realizada em Durban, em setembro de 2001. Dela emergiram os compromissos assumidos pelo Brasil, como país-membro das Nações Unidas, de avançar em uma agenda de promoção da igualdade racial da que o Estatuto seria marco legal. O Plano de Ação da Conferência de Durban insta aos Estados que elaborem programas direcionados aos negros e destinem verbas para as áreas de educação, saúde, habitação, saneamento básico e proteção ao meio ambiente. Sugere-se ainda que os governos promovam o acesso igualitário ao emprego e invistam em políticas de ações afirmativas.

Porém, se o alvo prioritário dessa ofensiva conservadora são as cotas para negros em particular e as políticas de promoção da igualdade em geral, essa investida e a retórica que a acompanha ameaçam indiretamente os direitos que vêm sendo conquistados pelos novos sujeitos políticos no processo de consolidação e expansão da experiência democrática – tal como o direito à diferença –, em que se empenham há décadas os movimentos sociais e as organizações não governamentais. Essas conquistas consagradas em instrumentos internacionais obrigam os Estados-membros das Nações Unidas ou recomendam a eles implementar políticas públicas corretoras das desigualdades, o que prevê até mesmo tratamento diferenciado a grupos vulnerabilizados co-

Racismo, sexismo e desigualdade no Brasil

mo forma de promover a igualdade de oportunidades. Para tanto, o plano dos compromissos internacionais assumidos pelo governo brasileiro exigiria a aceitação da concepção clássica de igualdade defendida por esses intelectuais, a qual ignora pactos, tratados, convenções como a Convenção Internacional sobre Todas as Formas de Discriminação Racial, ONU, em 21 de dezembro de 1965; a Conferência de Pequim, em 1995; o Plano de Ação da Conferência Regional das Américas ocorrida em Santiago do Chile em 2000; a Conferência Mundial contra o Racismo, Discriminação Racial, Xenofobia e Intolerância Correlata, em Durban, realizada em 2001. De todos os países, o Brasil é signatário e deve prestar contas dos avanços alcançados em cada caso.

No plano nacional, no limite, levando às últimas consequências as posições por eles defendidas, estariam em questão também vários dispositivos constitucionais ou infraconstitucionais, como o que institui tempo diferenciado de aposentadoria para as mulheres; o artigo 93 da Lei n. 8.213/91, que determina a contratação de deficientes físicos por empresas com cem ou mais empregados; a lei de cotas para mulheres nos partidos políticos; e a revisão do Título II – Dos direitos e garantias fundamentais, Capítulo II – Dos direitos sociais, artigo 7º, inciso 20, sobre a "proteção do mercado de trabalho da mulher, mediante incentivos específicos, nos termos da lei".

Negros não se resumem a deficientes físicos e mulheres, mas a discriminação racial funciona como freio a uma competição igualitária, fazendo que a competição entre negros e brancos pelas oportunidades sociais se processe, como na imagem largamente utilizada pelos movimentos negros nacionais, para descrever essa situação: há dois competidores em uma largada em que um está engessado e o outro, livre e bem condicionado. Essa é uma das funções da discriminação de base racial, assegurar essa vantagem competitiva a membros do grupo racial tratado como superior. Atuando em larga escala e impunemente como se assiste no Brasil, produz como efeito de poder os padrões de desigualdade que conhecemos entre negros e brancos. É essa trava que os instrumentos internacionais reconhecem e com base neles recomendam políticas específicas aos Estados, assim como os dispositivos nacionais mencionados.

O papel da mídia

O livro *Não somos racistas*[13], de Ali Kamel, coroa a saga heroica que o diretor executivo de jornalismo da Rede Globo vem empreendendo contra as cotas e demais políticas específicas para negros nos editoriais do jornal *O Globo*. Acompanham-no nessa jornada outros veículos de grande porte, como os jornais *O Estado de S.Paulo* e *Folha de S.Paulo*, que em um de seus editoriais se posicionou contra as cotas "por princípios filosóficos", sem precisar a qual filosofia ou a quais princípios tal posicionamento deve seu fundamento.

Quando um diretor executivo do maior veículo de comunicação tenta estabelecer o "discurso competente" sobre a identidade nacional e suas contradições, esse ato opera como uma senha perfeitamente compreendida no país em que "quem pode manda, e quem tem juízo obedece". Na esteira do ativismo racial de Ali Kamel passam a se manifes-

13. KAMEL, Ali. *Não somos racistas – Uma reação aos que querem nos transformar numa nação bicolor*. Rio de Janeiro: Nova Fronteira, 2006.

tar em uníssono diferentes vozes, saturando a esfera pública como o seu mantra, uma locução amplamente garantida em sua veiculação pelos principais meios de comunicação e informação.

O ataque que começou contra o Estatuto e as políticas de cotas para negros e índios nas universidades expandiu-se para todas as políticas de promoção da igualdade racial, tendo por alvo fundamental a Secretaria de Promoção da Igualdade Racial liderada pela ministra Matilde Ribeiro.

No âmbito da violação dos direitos culturais da população negra sobrou até para o ministro Gilberto Gil: no artigo "Cultura de bacilos", de Barbara Gancia[14], a colunista critica a decisão do ministro Gilberto Gil de apoiar grupos comunitários envolvidos com o movimento *hip-hop* como forma de promover, segundo o ministro, "novas formas de expressão da latente criatividade dos pobres do país".

A proposta do ministro não é inédita, consiste apenas em considerar como política pública federal experiências exitosas que vêm sendo desenvolvidas por bandas de *rap*, grafiteiros e dançarinos do movimento *hip-hop* em parceria com organizações da sociedade civil ou poderes públicos locais, que estão fazendo a diferença na inclusão social de muitos jovens das periferias.

Do interior do movimento *hip-hop* emergiram expressões musicais hoje consagradas, como é o caso dos Racionais MC's, um fenômeno de vendagem no Brasil; MV Bill; Thaíde e DJ Hum, entre outros.

....

14. GANCIA, Barbara. "Cultura de bacilos". *Folha de S.Paulo*, São Paulo, 16 mar. 2007, caderno Cotidiano.

Além de causar impacto na cena musical do país, o movimento *hip-hop* fez emergir lideranças juvenis que consideram o *rap*, o grafite e o *break* – tripé da cultura *hip-hop* – os veículos para que os jovens se mobilizem e reflitam sobre os temas que mais afligem seu cotidiano, como violência, drogas, exclusão social, exercício protegido da sexualidade, paternidade e maternidade responsáveis, discriminação racial. Esses jovens atuam em escolas da rede pública e privada, em faculdades e presídios, e alguns se tornaram gestores de políticas públicas inclusivas para a juventude; outros estão seguindo carreiras universitárias ou se mantêm como protagonistas juvenis, aprofundando o seu compromisso com os direitos humanos e a inclusão social. Para muitos, a participação no movimento *hip-hop* funcionou como um antídoto, que lhes permitiu escapar do caminho mais fácil: a marginalidade social.

No entanto, no artigo citado de Gancia, a colunista considera desperdício de dinheiro público investir nesse protagonismo por entender que *hip-hop* não é cultura, que o *rap* é lixo musical, sugerindo, como ela diz, que "tais gênios musicais" seriam ligados ao tráfico de drogas. O que lhe dá autoridade para definir o que é ou não cultura? De onde ela extrai o direito de desqualificar, de uma penada só, uma expressão cultural forjada na resistência de jovens à exclusão social por meio da qual eles se afirmam como produtores culturais e agentes de cidadania?

O segundo caso é a entrevista do cartunista Jaguar[15], que, a pretexto de criticar a ideia de "politicamente correto", diz

....

15. Entrevista concedida à *Folha de S.Paulo* em 13 de março de 2007, caderno Ilustrada.

que "a maioria dos humoristas hoje é muito certinha" porque, com "essa coisa de não poder chamar crioulo de crioulo, [...] criou-se um limite e, se a gente passa um pouco, leva pito. Eu não levo mais porque sou velho e sou o Jaguar. Aí, as pessoas dizem: 'Ah, é o Jaguar, deixa ele'".

Jaguar é o mesmo que declarou orgulhar-se de ter destruído a carreira de Wilson Simonal: ele e a turma do *Pasquim* acusaram o músico de ser dedo-duro do regime militar, o que determinou o ostracismo a que Simonal foi submetido até o fim de sua vida. Por iniciativa da Ordem dos Advogados de São Paulo foi promovida, tardiamente, a sua reabilitação moral, quando foi provado não haver nenhum indício que sustentasse aquela acusação. No entanto, diante dessa evidência, a reação de Jaguar foi: "Ele era tido como dedo-duro. Não fui investigar nem vou fazer pesquisa para livrar a barra dele. Não tenho arrependimento nenhum"[16].

Barbara Gancia e Jaguar são exemplos de pessoas públicas que se comprazem em exercitar o poder de nomear e julgar derivado exclusivamente de uma posição de hegemonia de classe e de raça que lhes assegura a circulação privilegiada de suas ideias e posição, que dispensam a si mesmos o conhecimento efetivo sobre o que opinam, sentindo-se garantidos por imunidade ou complacência em caso de erros de avaliação. É daí que advém o poder deles de acusar, julgar e destruir. Para *rappers*, *breaks*, grafiteiros, considerados "bacilos", e negros tratados como objeto preferencial do deboche de humoristas, resta indignarem-se na página dos leitores dos jornais ou exigirem direito de resposta, o que raramente é ofertado.

....

16. Revista *Época*, 24 de abril de 2000.

A desqualificação da luta por igualdade racial

No combate em que parcelas das elites nacionais travam contra as políticas de promoção da igualdade racial, elas se servem da desqualificação pública dos movimentos negros e de seus parceiros e aliados, da negação do racismo e da discriminação racial, da deslegitimação acadêmica de estudos e pesquisas que há décadas vêm demonstrando a magnitude das desigualdades raciais e a utilização de experiências genéticas para consubstanciar a miscigenação e a negação do negro como sujeito social demandador de políticas específicas e de seu direito democrático de reivindicá-las.

Estamos diante de velhas teses a serviço de novas estratégias que pretendem nos levar de volta à edílica democracia racial. Hoje, como ontem, as estratégias são as mesmas. Como mostrou Florestan Fernandes[17], "[...] a resistência negra nas décadas de 1930, 1940 e parte de 1950 suscitou o reacionarismo das classes dominantes, que logo denunciaram o 'racismo negro'".

Disse Marx que a história só se repete como farsa. A originalidade do Brasil está em repetir a farsa. Como na década de 1930, parcelas das elites, entre elas intelectuais conhecidos, organizam-se novamente para orquestrar uma reação branca a um suposto "racismo negro", que é o sentido dado às reivindicações dos movimentos negros por inclusão social mediante políticas específicas que atuem na correção das desigualdades raciais.

A desqualificação ou criminalização dos movimentos sociais é uma prática autoritária consagrada na nossa tradição

....

17. FERNANDES, Florestan, *op cit.*

política e causa espanto que seja utilizada sem-cerimônia por aqueles que se manifestam em defesa dos princípios da igualdade, da democracia e do pacto republicano. Diz Demétrio Magnoli: "A Secretaria é um órgão conservador, de direita. O Estatuto cria uma vasta burocracia: eis a fonte do 'otimismo' de diversas ONGs negras que se autodenominam movimentos sociais. Eles estão defendendo as suas carreiras e o seu futuro político e pecuniário, à custa dos negros"[18].

A propagação de um suposto racismo negro foi descrita pelo sociólogo e ativista Carlos Medeiros como "fabricação do medo", com a qual ele ilumina o posicionamento público de certos intelectuais repentinamente atacados pela "síndrome de Regina Duarte"[19]. Eles estão com medo: dos militantes negros, da radicalização da sociedade, das políticas públicas e, finalmente, da possibilidade da queda da República em função das políticas raciais.

Diante disso, a "síndrome de Regina Duarte" de certos intelectuais requer que se busquem explicações em outros lugares. O que há a temer nesse medo é que haja alguma disposição "escondida" em segmentos da população branca, que somente esses intelectuais percebem ou conhecem, de defender seus privilégios como reagiram setores da elite nacional ao projeto de Joaquim Nabuco de "emancipação dos escravos". Proposta tímida que ainda evitava falar em abolição. No entanto, "apesar da moderação, o projeto foi

....

18. Entrevista à *Revista do Terceiro Setor* (Rets) de 24 de março de 2006.
19. Referência à declaração feita pela atriz Regina Duarte em 2002, durante o programa eleitoral gratuito do PSDB, de que temia que o PT pusesse a perder as conquistas feitas pelo governo de Fernando Henrique Cardoso.

derrotado. Não sem antes Nabuco ser sutilmente ameaçado pelos líderes escravistas. Na nossa província resistiremos até as armas", afirmou o deputado Martim Francisco, de São Paulo, acrescentando que propostas como aquela podiam "concorrer para alterar e prejudicar a paz do país".

CONCLUSÃO

Os avanços alcançados, principalmente no reconhecimento da problemática da desigualdade racial, ensejam a atual reação conservadora que busca com monumental aparato deter esse processo e, sobretudo, restabelecer os velhos mitos que nos levaram à situação atual. São "neogilbertofreyreanos" que entram em ação em um novo tipo de ativismo sobre a questão racial. Na guerra contra as medidas de promoção da igualdade de oportunidades, segundo a raça ou a cor vale tudo: diz a revista *Veja* que, "após a abolição da escravatura, em 1888, nunca houve barreiras institucionais aos negros no país. O racismo não conta como aval de nenhum órgão público. Pelo contrário, as eventuais manifestações racistas são punidas na letra da lei"[20]. Alguém reconhece que é do Brasil que a revista fala?

Assiste-se, portanto, nesse momento, a um novo tipo de ativismo: um suposto antirracismo que se afirma pela negação do racismo existente. Convergem, nessa estratégia, posições de direita e de esquerda em que a classe social ou a cordialidade racial retornam aos discursos para nublar as

20. ZAKABI, Rosana; CAMARGO, Leoleli. "Eles são gêmeos idênticos, mas, segundo a UnB, este é branco e este é negro". *Veja*, 6 jun. 2007, p. 82-88.

contradições raciais. Um classismo de direita como o defendido por Ali Kamel se insurge contra as evidências de discriminação racial insistindo que negros e brancos são igualmente pobres e, por isso, discriminados igualmente. Soma-se a ele um classismo supostamente de esquerda, que o consubstancia, como na fala de Demétrio Magnoli, para quem a pauta de reivindicações dos movimentos negros é conservadora e de direita.

Essa estratégia se beneficia também de um contexto de refração dos movimentos sociais, em geral e em particular, dos movimentos negros, criando condições positivas para prosperarem velhas ideologias a serviço de novas estratégias de retorno ao passado. Tal ofensiva traz em seu bojo uma convocação à sociedade para um enfrentamento das políticas raciais.

Teme-se que essa avalanche conservadora seja suficiente para amedrontar os setores governamentais alinhados com a promoção da igualdade racial e potencializar os antagonistas, promovendo o retrocesso das políticas raciais no segundo mandato do governo Lula.

2
Pelo direito de ser[21]

Durante 1992 e 1993, a Federação Israelita de São Paulo, o Centro de Tradições Nordestinas e o Geledés Instituto da Mulher Negra receberam ameaças de grupos *skinheads* de São Paulo em geral, por meio de cartas, com toda sorte de impropérios sobre judeus, negros e nordestinos.

Chegaram a dar tiros no Centro de Tradições Nordestinas e, em outros estados, a violar cemitérios judeus. E aos negros eles reservaram uma espécie de linchamento, em que o estudante negro Fábio Henrique Oliveira Santos foi espancado até a morte por 30 carecas, em 1993.

As três entidades-alvos articularam-se naquela oportunidade para, em ações unitárias, dar visibilidade à sociedade daquela violência, chamar a atenção das autoridades públicas e demonstrar que as minorias vítimas de racismo, discriminação e intolerância podem e devem atuar juntas

....

21. Artigo publicado originalmente no *Correio Braziliense*, 23 fev. 2001.

para combater a ascensão dessas ideologias intolerantes em nosso país.

Essa articulação culminou em um grande ato de repúdio e de afirmação das identidades etnorracial e religiosa das comunidades envolvidas, em que seus artistas, intelectuais, lideranças políticas com o apoio massivo das diferentes forças políticas, dos partidos políticos, de centrais sindicais, lideranças religiosas, formadores de opinião, representantes de governos puderam expressar a vontade política inequívoca de impedir o crescimento dessas ideologias em nosso país. Um ato que atraiu ao Vale do Anhangabaú, em São Paulo, em torno de dez mil pessoas. Essa resposta contundente da sociedade de repúdio a esses grupos naquele momento resultou na criação da 1ª Delegacia de Crimes Raciais do Brasil (extinta no atual governo Covas), e o envolvimento da Polícia Federal permitiu também a identificação dos autores das agressões racistas.

O sucesso dessas ações nos conduziu ao erro de baixar a vigilância, de nos desarticular e de nos desmobilizar depois de empurrar para as sombras os herdeiros de Hitler. Ou seja, nos esquecemos do ovo da serpente. E isso pode ter custado a vida de Edson Neri da Silva, negro e homossexual barbaramente assassinado por 18 *skinheads* em fevereiro de 2000. Um homicídio triplamente qualificado e assim definido: motivo torpe, meio cruel e impossibilidade de defesa da vítima. Pena de 21 anos de prisão em regime fechado.

A admirável e inédita sentença do juiz Fernando de Barros Vidal, ao considerar que o crime foi "um grande golpe de traição à ideia de democracia" e que "a intolerância como princípio de ação é absolutamente censurável e com ela, de igual modo, o direito penal há de se revelar inflexível", resgata a dignidade humana não apenas de Edson Neri da Silva, mas por meio dele, simbolicamente, outras vítimas de intolerância também são resgatadas, como Jorge Paulo, mendigo, negro, 48 anos, queimado enquanto dormia na Cinelândia, no Rio de Janeiro, e o índio Galdino, pataxó queimado por jovens de classe média em Brasília.

A sentença desse caso dialoga também com a resistência que outros países, especialmente a Alemanha, vêm desenvolvendo para coibir a ação desses grupos, sendo um dos exemplos a sentença – uma das mais severas já aplicadas pelo Estado alemão a esse tipo de crime – atribuída, em 2000, a três neonazistas pelo assassinato do professor moçambicano Alberto Adriano, espancado por eles até a morte. Um deles, maior de idade, foi condenado à prisão perpétua, os outros dois, menores, aos quais não podem ser atribuídas penas superiores a dez anos, foram condenados a nove anos de prisão.

Os ataques terroristas desses *skinheads* no Brasil são protagonizados por jovens ideologicamente confusos. O paradoxo desses casos fica por conta da presença, entre os acusados, de um afrodescendente, candidato a uma vaga de membro honorário de algum novo Reich, para desespero dos discípulos de Hitler ortodoxos. Dimensões perversas e assustadoras do racismo no Brasil: a desumanização, a eliminação física pura e simples ou a opção por tornar-se o outro, o opressor racista e intolerante! E talvez assim conseguir ser aceito.

Apesar de confusos, eles são organizados; portanto, não podemos subestimá-los. Então, é preciso investigar essas organizações com rigor, de maneira séria e contínua, particularmente nesse momento em que retornam revigoradas pe-

Racismo, sexismo e desigualdade no Brasil

la ascensão do neonazismo na Europa e pelos grupos de supremacia branca nos Estados Unidos. Vale lembrar um princípio básico da segurança pública: para que haja prevenção eficaz, é preciso que haja investigação e punição exemplar aos responsáveis, naquilo que a lei prevê.

Por isso, é imperioso que os grupos discriminados permaneçam vigilantes, organizados e em luta, para que a tolerância possa se tornar um valor efetivo no mundo. As organizações de *gays* e lésbicas que se mantiveram mobilizadas, acompanhando esse processo em todas as fases, o firme posicionamento dos jurados, do Ministério Público e da Magistratura, na defesa do direito inalienável das pessoas serem o que são ou o que optam por ser, são responsáveis por essa vitória, que constitui um alento na crença da democracia e na Justiça, e o único caminho para eliminar o ovo da serpente.

Portanto, que essa importante decisão contra a intolerância não nos faça dispersar. Alguém já nos alertou de que "a injustiça em qualquer lugar é uma ameaça à justiça em todo lugar".

INDICADORES
SOCIAIS

3
Os negros e o Índice de Desenvolvimento Humano[22]

Em julho de 2000, o presidente da República, Fernando Henrique Cardoso, reuniu-se com 14 governadores de estados da federação para o anúncio do Plano de Apoio aos Estados de Menor Desenvolvimento Humano, o IDH-14. Trata-se de um plano com recursos da ordem de R$ 11,5 bilhões, alçados de vários projetos governamentais, como o fundo de combate à pobreza, a serem aplicados em 14 estados cujo índice de desenvolvimento humano é considerado baixo. Levando em conta os recursos previstos – mesmo que parte deles virtual – e a dimensão sociodemográfica que poderá vir a alcançar, o IDH-14 pode se tornar o principal programa de políticas públicas de cunho social em áreas como juventude, trabalho infantil, programa de renda mínima etc., e com indicação de um órgão executor, no caso, a Secretaria de Estado de Assistência Social, na pessoa de Wanda Engel Aduan.

....

22. Artigo publicado originalmente no *Correio Braziliense*, 28 set. 2000.

Entretanto, chama a atenção no IDH-14 a ausência de políticas específicas para setores da sociedade brasileira sabidamente em condições de vulnerabilidade.

Na semana que antecedeu o lançamento do IDH-14, a desigualdade racial, no Brasil, foi sobejamente demonstrada em estudo divulgado pela Federação de Órgãos para Assistência Social e Educacional (Fase), no Rio de Janeiro. O economista Marcelo Paixão coordenou, nessa instituição, a elaboração do Índice de Desenvolvimento Humano com recorte étnico com o mesmo rigor utilizado no Programa das Nações Unidas para o Desenvolvimento (Pnud) na elaboração do IDH de 174 países. Nesse estudo, é possível verificar que os afrodescendentes ocupam a 108ª posição no *ranking* proposto pelo Pnud, enquanto os brancos ocupam a 49ª posição. O Brasil, obedecendo ao mesmo *ranking*, ocupava a 74ª posição.

Esses dados falam por si. No entanto, o que importa é sublinhar a impossibilidade de elaborar políticas públicas sem levar em conta as desigualdades raciais existentes no país e, ao mesmo tempo, apontar as deficiências nas formulações que não consideram seriamente essa dimensão.

De forma constrangedora e preocupante, o anúncio do IDH-14 é feito sem nenhum item dedicado à população negra, apesar de o plano estar previsto para ser aplicado nos estados em que os negros constituem significativa parcela da população. Segundo a Pesquisa Nacional por Amostra de Domicílios (Pnad) de 1996, esses são os números de pretos e pardos nos estados contemplados no IDH-14: Acre (71,5%), Alagoas (52,5%), Bahia (71,4%), Ceará (69,7%), Maranhão (80,4%), Pará (74,6%), Paraíba (55,7%), Pernambuco (65,1%), Piauí (80,3%), Rio Grande do Norte (57,1%), Rondônia (57,5%),

Sergipe (82,1 %) e Tocantins (71,7 %), perfazendo um total de 35.195.739 pessoas.

Ao que tudo indica, o governo ainda aposta nas chamadas políticas universalistas para enfrentar problemas que são notadamente de maior urgência entre a população negra. O Estado brasileiro tem se esmerado em dar à educação o caráter universal que ela, sem dúvida, tem. No entanto, não é possível dizer que a população negra tenha se beneficiado exemplarmente desse princípio. Em outras palavras, os indicadores de educação demonstram os limites dos argumentos estritamente favoráveis às políticas universalistas. Dados oficiais de 1997 assinalam que a taxa de analfabetismo da população negra maior de 15 anos era de 20,8% e da população branca, 8,4%. Para os negros entre 7 e 22 anos que frequentavam a escola, o índice de escolaridade era de 77,7%, enquanto a população branca na mesma faixa de idade era igual a 84,7%. Todos sabem quanto, no mundo moderno, a educação constitui fator essencial para a formação da cidadania e qualificação profissional. No entanto, com esses índices é muito pouco provável que os negros/afrodescendentes tenham condições de competir em igualdade de condições com a população branca.

Enfim, corremos o risco de mais uma vez termos um plano, desta vez com recursos e órgão executor, fadado ao fracasso em função de interpretações equivocadas, resultando na permanência – quiçá o aumento – de milhões de brasileiros à margem do processo de desenvolvimento. Para os formuladores dos planos governamentais e para a sociedade brasileira, fica aqui registrada a relação passível de ser construída entre o péssimo Índice de Desenvolvimento Humano brasileiro e a falta de atenção para com as necessidades e interesses da população negra. Se os formuladores de políticas públicas e lideranças políticas do país assumissem para si a responsabilidade de atender adequadamente a população negra brasileira, certamente, o IDH brasileiro seria bem mais elevado. Finalmente, estaríamos livres do constrangimento de ter o IDH da população negra brasileira cinco posições abaixo da África do Sul, país que até recentemente viveu sob o regime do *apartheid*.

4
Realidade estatística[23]

Em 21 de março de 2001, comemorou-se o Dia Internacional de Luta pela Eliminação da Discriminação Racial. Nesse mesmo dia, a revista *Veja* trouxe sobre o tema a matéria "O *apartheid* daqui", cuja chamada diz: "Pesquisa mostra que a educação dos negros no Brasil é pior que na África do Sul". A matéria se inicia assim: "Acaba de sair do forno outra pesquisa sobre racismo no Brasil. Como as anteriores, o estudo, feito desta vez pelo Ipea, constata a situação de inferioridade econômica e social dos negros em relação aos brancos". O paradoxo dessa matéria está no fato de essa ser a data instituída pela ONU, em 1966, em memória e repúdio ao massacre de Sharpeville, ocorrido no mesmo ano na África do Sul, no qual, dos milhares de negros que protestavam contra a "lei do passe", 69 foram mortos e 180 feridos pelo exército sul-africano, quando no Brasil experimentá-

....

23. Artigo publicado originalmente no *Correio Braziliense*, 23 mar. 2001.

vamos o auge do nosso mito de democracia racial. Trinta e cinco anos após esse fato, temos de nos defrontar com a brutal realidade de os negros brasileiros apresentarem hoje índices de escolaridade inferiores aos dos sul-africanos, que por décadas viveram sob o regime do *apartheid*.

As pesquisas que vêm sendo desenvolvidas sobre as desigualdades raciais, especialmente por órgãos governamentais como o Ipea, têm sido a principal alavanca para o reconhecimento dos negros brasileiros como um segmento com características específicas e desvantajosas em termos de inserção social no país.

Elas cada vez mais desautorizam as ideias consagradas em nossa sociedade sobre a inexistência de um problema racial. Questionam a simplificação de que o problema do Brasil é social, e não racial. Recusam os eufemismos como o do *apartheid* social e, sobretudo, indicam que as políticas universalistas, historicamente implementadas, não têm sido capazes de alterar o padrão de desigualdades entre negros e brancos na sociedade.

No entanto, chama a atenção a frase usada pela *Veja*: "como as anteriores". Reflete uma sensação de que há certa saturação estatística da informação sobre as desigualdades raciais nos últimos anos, ao lado de um vazio total de iniciativas de reversão desse quadro de desigualdade. E o final da matéria expressa a descrença de que o país esteja "fazendo sua parte para resolver as diferenças raciais".

Esse vazio de implementação de políticas de promoção da igualdade de oportunidades torna os negros brasileiros, numa realidade estatística, uma abstração que jamais se consubstancia em realidade política. Constata-se a desigualdade; em alguns casos, lamenta-se. Mas parece não

Racismo, sexismo e desigualdade no Brasil

haver nada que se possa ou se queira fazer em relação ao problema.

De concreto, há apenas algum reconhecimento oficial da gravidade da desigualdade racial; no entanto, as ações para combater esse mal não ultrapassam, via de regra, os gestos simbólicos, ou a retórica bem-intencionada. No Orçamento da União não existe a palavra "negro"; no orçamento da Educação, nenhuma rubrica.

Argumenta-se que a falta de consenso, especialmente no âmbito governamental, quanto à implementação de políticas específicas é o que as inibe. No entanto, várias agendas, sobre as quais não há também consenso no governo e na sociedade, são implantadas por força da vontade política do governo em relação a elas.

A urgência de implementação de políticas públicas de promoção da igualdade racial no Brasil decorre de um imperativo ético e moral que reconhece a indivisibilidade humana e, por conseguinte, condena toda forma de discriminação.

É também um imperativo de ordem econômica pelo que representa em termos de perda de ativos a exclusão de 44% da população do acesso ao consumo, ao desenvolvimento e para a capacidade competitiva do país; impactando politicamente também a consolidação da democracia e a unificação deste país, apartado racialmente pela exclusão racial.

Tendo em vista todos os dados estatísticos já conhecidos, os termos exatos dos debates com vistas à eliminação da discriminação racial seriam:

Que taxa de redução do analfabetismo na população negra vamos estabelecer para prestar contas ao mundo em 2006, quando da provável realização da Conferência Mundial Racismo + 5, em que os Estados devem apresentar os resultados alcançados pelas políticas a ser implementadas para a eliminação do racismo e da desigualdade racial a partir das decisões da Conferência Mundial contra o Racismo, que ocorrerá, este ano, em Durban na África do Sul? Que taxa de redução do desemprego dos afro-brasileiros vamos apresentar? Qual foi a taxa de redução da evasão escolar de crianças e adolescentes negros? Que taxa de ampliação alcançamos na presença negra no nível superior? Qual a taxa de aproximação da esperança de vida de brancos e negros? Que campanhas de valorização da população negra e de combate ao racismo desencadeamos nos veículos de comunicação? Que incentivos o governo brasileiro propôs às empresas para impulsionar a contratação e a promoção profissional de afrodescendentes? Quantas comunidades remanescentes de quilombos terão os títulos de propriedade de suas terras ancestrais regulamentados?

Essas são algumas das questões que esperam respostas concretas em termos de políticas públicas, as quais, sendo politicamente acordadas e implantadas, permitiriam que os negros deixassem de ser apenas uma realidade estatística neste país.

5
Pobreza tem cor no Brasil[24]

Pobreza tem cor no Brasil. E existem dois Brasis. Essa é a conclusão que se extrai do estudo "Desenvolvimento humano e desigualdades étnicas no Brasil: um retrato de final de século", apresentado pelo economista Marcelo Paixão, no II Foro Global sobre Desenvolvimento Humano, ocorrido em outubro de 2000 no Rio de Janeiro, conforme noticiado com destaque no dia 10 passado pelo jornal *O Globo* em matérias de Flávia Oliveira e Miriam Leitão.

Para Flávia Oliveira,

a desigualdade racial no Brasil é tão intensa que, se o Índice de Desenvolvimento Humano (IDH) do país levasse em conta apenas os dados da população branca, o país ocuparia a 48ª posição, a mesma da Costa Rica, no *ranking* de 174 países elaborado pela Organização das

....

24. Artigo publicado originalmente no *Correio Braziliense*, 13 out. 2000.

Nações Unidas (ONU). Isso significa que, se brancos e negros tivessem as mesmas condições de vida, o país subiria 26 degraus na lista da ONU – hoje, está em 74º lugar. Em contrapartida, analisando-se apenas informações sobre renda, educação e esperança de vida ao nascer dos negros e mestiços, o IDH nacional despencaria para a 108ª posição, igualando o Brasil à Argélia no relatório anual da ONU.[25]

A conclusão de Miriam Leitão diante dos dados revelados pelo estudo é que

[...] o Brasil pode continuar dizendo que aqui não há preconceito racial, mas apenas diferenças sociais. Esta sempre foi a grande desculpa da elite. Mas os números do professor Paixão, os dados da Síntese dos Indicadores Sociais, os estudos recentes do Ipea e do IBGE conspiram contra essa certeza. A velha desculpa não explica por que há tantos negros entre os pobres e tão poucos entre os ricos.[26]

Nenhuma informação produzida até agora sobre as desigualdades raciais apresenta, com tanta contundência, o grau de apartação social no Brasil, que chega a configurar a existência de dois países, como diz Miriam Leitão em seu artigo.

....

25. OLIVEIRA, Flávia. "O peso da desigualdade racial". *O Globo*, 10 out. 2000, caderno de Economia.
26. LEITÃO, Miriam. "Negros e pobres". *O Globo*, 10 out. 2000, coluna Panorama Econômico.

Racismo, sexismo e desigualdade no Brasil

A crescente compreensão sobre a identidade entre raça e pobreza no Brasil e na América Latina vem sendo objeto de atenção das agências internacionais de cooperação. Em junho deste ano, o Banco Mundial (Bird), o Banco Interamericano de Desenvolvimento (BID) e o Diálogo Interamericano organizaram em Washington a mesa-redonda "Raça e pobreza", consulta internacional sobre a situação dos afro-latino-americanos. Esse encontro contou com a participação de representantes de organizações negras da América Latina e América Central, os quais, pela primeira vez, puderam, coletivamente, discutir com essas agências multilaterais a situação dos povos negros da região e a necessidade de criar políticas de desenvolvimento específicas para esses segmentos dos países latino-americanos que possam alavancar processos de desenvolvimento comunitário e maior inclusão social.

Fizeram-se presentes nesse encontro Brasil, Colômbia, Honduras, Nicarágua, Peru, Uruguai, Venezuela. Tendo por eixo fundamental a raça e a pobreza na América Latina, esse seminário produziu ampla reflexão acerca dos impactos da globalização e das políticas de ajuste econômico sobre as populações negras da região e sobre as experiências exemplares de reversão desse quadro, que vêm sendo desenvolvidas pelas organizações negras latino-americanas, para minimizar esse impacto.

Em setembro deste ano, o Escritório Nacional Zumbi dos Palmares e a Comunidade Baha'i do Brasil promoveram o seminário "Mecanismos de promoção de igualdade. Um desafio para o desenvolvimento do Brasil", cujos resultados podem ser sintetizados na afirmação do dr. Roberto Martins, presidente do Ipea, para quem os dados sobre a população negra no Brasil não permitem chegar a outra conclusão, senão a da necessidade de tomá-la como agente prioritário de políticas públicas com vistas ao desenvolvimento e à inclusão social mais equitativos no país.

Na próxima semana acontecerá em Brasília o Fórum sobre Desenvolvimento promovido pelo Banco Mundial, para discutir o combate à miséria e a inclusão social. Curiosamente, em nenhuma das mesas estará em discussão a situação específica de vulnerabilidade em que se encontram os afro-brasileiros, a despeito da constatação perversa do estudo de Marcelo Paixão.

Considerando os antecedentes da consulta de Washington e a dramaticidade do estudo de Marcelo Paixão, esperava-se que o Fórum sobre Desenvolvimento, que se inicia na próxima segunda-feira, significasse um passo adiante no reconhecimento da gravidade do problema racial e uma oportunidade de o Banco Mundial colher mais subsídios para estabelecer uma diretriz política clara, com metas de curto, médio e longo prazo que equacionem as desigualdades raciais geradas pelo racismo e pela discriminação racial. Uma estratégia global que levasse em conta as dimensões políticas, econômicas e culturais do problema com vistas a alterar, efetivamente, as condições de vida das populações afro-brasileiras e as integrasse ao processo de desenvolvimento, já que, como não é mais possível negar, raça e pobreza são sinônimos no Brasil.

RACISMOS CONTEMPORÂNEOS

6
A dor da cor[27]

Um dos aspectos mais surpreendentes de nossa sociedade é o fato de a ausência de identidade racial ou confusão racial reinante ser aceita como dado de nossa natureza. Quando muito, à guisa de explicação, atribui-se à larga miscigenação aqui ocorrida a incapacidade que demonstramos de nos autoclassificar racialmente. É como se a indefinição estivesse na essência de nosso ser. Seres transgênicos que escapariam de qualquer identidade conhecida, que nenhum atributo racial e étnico utilizado alhures poderia abarcar por tamanha originalidade. É assim para o senso comum, é assim para a maioria dos intelectuais. Diferentemente de outros lugares, a nossa identidade se definiria pela impossibilidade de defini-la.

No entanto, a identidade étnica e racial é um fenômeno historicamente construído ou destruído. Nos Estados Uni-

....

27. Artigo originalmente publicado no *Correio Braziliense*, 17 maio 2002.

dos, onde, ao contrário do que se pensa, a escravidão também produziu uma significativa população miscigenada, definiu-se que 1/8 de sangue negro fazia do indivíduo um negro, a despeito da clareza de sua cor de pele. Aqui também definimos que 1/8 de sangue branco deveria ser um passaporte para a brancura.

Vem dos tempos da escravidão a manipulação da identidade do negro de pele clara como paradigma de um estágio mais avançado de ideal estético humano; acreditava-se que todo negro de pele escura deveria perseguir diferentes mecanismos de embranquecimento. Aqui, aprendemos a não saber o que somos e, sobretudo, o que devemos querer ser. Temos sido ensinados a usar a miscigenação ou a mestiçagem como carta de alforria do estigma da negritude: um tom de pele mais claro, cabelos mais lisos ou um par de olhos verdes herdados de um ancestral europeu são suficientes para fazer alguém que descenda de negros se sentir pardo ou branco, ou ser "promovido" socialmente a essas categorias. E o acordo tácito é que todos façam de conta que acreditam.

A língua denuncia o falante. No termo "pardo" "cabem os mulatos, os caboclos e todos os que não se consideram brancos, negros, amarelos ou indígenas". Todos os que não se desejam negros, amarelos ou indígenas encontram uma zona cinzenta onde possam se abrigar, se esconder e se esquecer de uma origem renegada.

Além do desejo de embranquecimento, outros fatores atuam como indutores da ambivalência na classificação racial. Pertenço a uma família de sete filhos de mãe e pai negros, e alguns de nós foram classificados como pardos, sendo meu pai o responsável por todos os registros de nascimento, suficientemente preto para não haver dúvidas sobre a cor de seus filhos. Meu pai, que só sabia assinar o nome, nunca soube a cor que atribuíram a seus filhos. Dependia da vontade do escrivão porque, via de regra, isso nem lhe era perguntado. É comum as negras bonitas serem "promovidas" a mulatas ou morenas por um galanteador. Essa promoção, usada como forma de elogio, exige, em contrapartida, um sorriso envaidecido.

Entre as novidades do novo Censo, está o crescimento, em relação ao recenseamento de 1991, dos que se declaram pretos, indígenas e brancos, decrescendo a proporção dos autodeclarados pardos, que começam a desembarcar dessa zona cinzenta e optam, decididamente, pela identidade branca, negra ou indígena. A identidade étnica e racial é fenômeno historicamente construído ou destruído. Cresceu em 24%, nesse Censo, o número de pessoas que se autodeclararam pretas e supõe-se, antes se autodeclaravam pardas. Essa novidade trazida pelo Censo pode, talvez, indicar que estamos mudando, saindo das brumas e abdicando do subterfúgio da indefinição racial para enfrentar, no dizer de Hélio Santos, "a dor da cor" ou da raça. E, quem sabe, enfim curá-las.

7

A miscigenação racial no Brasil[28]

A miscigenação racial em nossa sociedade vem se prestando a diferentes usos políticos e ideológicos. Não é assunto que se possa esgotar em um artigo, dada sua complexidade, mas, em tempos de novo recenseamento, vale a pena levantar alguns de seus aspectos. Em primeiro lugar, a miscigenação vem dando suporte ao mito da democracia racial, na medida em que o intercurso sexual entre brancos, indígenas e negros seria o principal indicativo de nossa tolerância racial, argumento que omite o estupro colonial praticado pelo colonizador sobre mulheres negras e indígenas, cuja extensão está sendo revelada pelas novas pesquisas genéticas que nos informam que 61% dos que se supõem brancos em nossa sociedade têm a marca de uma ascendente negra ou índia inscrita no DNA, na proporção de 28% e 33%, respectivamente.

....

28. Artigo publicado originalmente no *Correio Braziliense*, 18 ago. 2000.

Racismo, sexismo e desigualdade no Brasil

Em segundo lugar, a miscigenação tem constituído um instrumento eficaz de embranquecimento do país por meio da instituição de uma hierarquia cromática e de fenótipos que têm na base o negro retinto e no topo o "branco da terra", oferecendo aos intermediários o benefício simbólico de estar mais próximos do ideal humano, o branco. Isso tem impactado particularmente os negros brasileiros, em função de tal imaginário social, que indica uma suposta melhor aceitação social dos mais claros em relação aos mais escuros, o que parece ser o fator explicativo da diversidade de expressões que pessoas negras ou seus descendentes miscigenados adotam para se definir racialmente, tais como moreno-escuro, moreno-claro, moreno-jambo, marrom-bombom, mulato, mestiço, caboclo, mameluco, cafuzo, ou seja, confusos, de tal maneira que acabam todos agregados na categoria oficial do IBGE: pardo! Algo que ninguém consegue definir como raça ou cor. Talvez o termo "pardo" se preste apenas a agregar os que, por terem sua identidade étnica e racial destroçada pelo racismo, pela discriminação e pelo ônus simbólico que a negritude contém socialmente, não sabem mais o que são ou, simplesmente, não desejam ser o que são.

Essas diferenciações, portanto, vêm funcionando, com eficácia, como elementos de fragmentação da identidade negra e impedindo que esta se transforme em elemento aglutinador no campo político para reivindicações coletivas por equidade racial, pois, ao contrário do que indica o imaginário social, pretos e pardos (conforme a nomenclatura do IBGE) compõem um agrupamento que, do ponto de vista dos indicadores sociais, apresenta condições de vida semelhantes e igualmente inferiores quando comparadas ao grupo branco, razão pela qual se define hoje, política e sociologicamente, a categoria negra como o somatório daqueles que o Censo classifica como pretos e pardos.

Daí decorre a importância da campanha "Não deixe sua cor passar em branco", desencadeada em Salvador a propósito do Censo de 2000, cujo objetivo era sensibilizar os negros e seus descendentes para a maneira como se processa historicamente a manipulação da identidade etnorracial dos negros brasileiros e para a importância da assunção da identidade que sempre foi negada.

A cientista política Melissa Nobles, autora de *Shades of citizenship: race and censuses in modern politics*[29] [Matizes de cidadania: raça e censo na política moderna], examina como o Censo brasileiro tem contribuído para embranquecer o país. Em entrevista à *Folha de S.Paulo*, Nobles afirmou que "o Censo ajuda não simplesmente a contar, mas a criar categorias de raça ou cor".

Os censos brasileiros historicamente apresentam uma estranha dificuldade quanto à identificação da população: mostram alterações nos critérios de classificação da cor ou raça que dificultam a comparabilidade ou compatibilização dos dados de um recenseamento para o outro, como aconteceu nos Censos de 1950, 1960 e 1980, além de descontinuidade ou omissão no levantamento do quesito, como ocorreu no Censo de 1970. Essas "entradas e saídas" do quesito no Censo ou as alterações nas categorias de classificação e, ainda, as poucas tabulações divulgadas, desagregadas por raça ou cor quando o quesito é coletado, têm postergado o

....

29. NOBLES, Melissa. *Shades of citizenship: race and censuses in modern politics*. Stanford: Stanford University Press, 2000.

aprofundamento do conhecimento das desigualdades raciais no Brasil.

A ciência vem revelando a falácia do conceito de raça do ponto de vista biológico. Essa constatação científica é utilizada para minar as reivindicações de políticas específicas para grupos discriminados com base na "raça" ou na cor da pele. As novas pesquisas destroem as bases do racialismo do século XIX, que consagrou a superioridade racial dos brancos em relação a outros grupos humanos, justificando opressões e privilégios, mas elas ainda não tiveram impacto sobre as diversas manifestações de racismo em ascensão no mundo inteiro, e sobre a persistente reprodução de desigualdades que ele gera, o que reafirma o caráter político do conceito de raça, a sua permanência e atualidade, a despeito de ser insustentável do ponto de vista biológico.

8
Negros de pele clara[30]

Vários veículos de imprensa publicaram com destaque fotos dos candidatos que vão concorrer às vagas para negros na Universidade de Brasília (UnB). Veículos que se posicionam contra essa política percebem, no largo espectro cromático desses alunos, mais uma oportunidade de desqualificar o critério racial que a orienta.

Uma das características do racismo é a maneira pela qual ele aprisiona o outro em imagens fixas e estereotipadas, enquanto reserva para os racialmente hegemônicos o privilégio de ser representados em sua diversidade. Assim, para os publicitários, por exemplo, basta enfiar um negro no meio de uma multidão de brancos em um comercial para assegurar suposto respeito à diversidade étnica e racial e livrar-se de possíveis acusações de exclusão racial das minorias. Um

....

30. Artigo publicado originalmente no *Correio Braziliense*, 17 maio 2002.

Racismo, sexismo e desigualdade no Brasil

negro ou japonês solitários em uma propaganda povoada de brancos representa o conjunto de suas coletividades. Afinal, negro e japonês são todos iguais, não é mesmo?

Brancos, não. São individualidades, são múltiplos, complexos, e assim devem ser representados. Isso é demarcado também no nível fenotípico, em que se valoriza a diversidade da branquitude: morenos de cabelos castanhos ou pretos, loiros, ruivos são diferentes matizes da branquitude que estão perfeitamente incluídos no interior da racialidade branca, mesmo quando apresentam alto grau de morenice, como ocorre com alguns descendentes de espanhóis, italianos ou portugueses, os quais, nem por isso, deixam de ser considerados ou de se sentir brancos. A branquitude é, portanto, diversa e policromática. A negritude, no entanto, padece de toda sorte de indagações.

Insisto em contar a forma pela qual foi assegurada, no registro de nascimento de minha filha Luanda, a sua identidade negra. O pai, branco, vai ao cartório; o escrivão preenche o registro e, no campo destinado à cor, escreve: "branca". O pai diz ao escrivão que a cor está errada, porque a mãe da criança é negra. O escrivão, resistente, corrige o erro e planta a nova cor: "parda". O pai novamente reage e diz que a filha não é parda. O escrivão, irritado, pergunta: "Então, qual é a cor de sua filha?" O pai responde: "Negra". O escrivão retruca: "Mas ela não puxou nem um pouquinho ao senhor?" É assim que se vão clareando as pessoas no Brasil e o próprio Brasil. Esse pai, brasileiro naturalizado e de fenótipo ariano, não tem, como branco que de fato é, as dúvidas metafísicas que assombram a racialidade no Brasil, um país percebido por ele e pela maioria de estrangeiros brancos como de maioria negra. Não fosse a providência e insistência paterna, minha filha pagaria eternamente o mico de, com sua vasta carapinha, ter o registro de branca, como ocorre com os filhos de um famoso jogador de futebol negro.

Porém, independentemente da miscigenação de primeiro grau que decorre de casamentos inter-raciais, as famílias negras apresentam grande variedade cromática em seu interior, herança de miscigenações passadas, que, historicamente, foram utilizadas para enfraquecer a identidade racial dos negros. Isso é feito pelo deslocamento da negritude, que oferece aos negros de pele clara as múltiplas classificações de cor que por aqui circulam e, neste momento, prestam-se à desqualificação da política de cotas.

Segundo essa lógica, devemos instituir divisões raciais no interior da maioria das famílias negras com todas as implicações conflituosas que decorrem da partição do pertencimento racial. Assim, teríamos, por exemplo, em uma situação esdrúxula, a família Pitanga, em que, embora irmãos e filhos dos mesmos pais, Camila Pitanga é negra de pele clara como sua mãe e Rocco Pitanga (um dos atores da novela *Da cor do pecado*) é negro como o pai. Não é gratuito, pois, que a consciência racial da família Pitanga sempre fez que Camila recusasse as constantes tentativas de expropriá-la de sua identidade racial e familiar negra.

De igual maneira, importantes lideranças do Movimento Negro Brasileiro, negros de pele clara, por meio do franco engajamento na questão racial, vêm demarcando a resistência que historicamente tem sido empreendida por parcela desse segmento de nossa gente aos acenos de traição à negritude, que são sempre oferecidos aos mais claros.

Há quase duas décadas, uma parcela significativa de jovens negros insertos no movimento *hip-hop* cunhou politicamente para si a definição de pretos e o *slogan* PPP (Poder para o Povo Preto), em oposição a essas classificações cromáticas que instituem diferenças no interior da negritude, sendo esses jovens, em sua maioria, negros de pele clara, como um dos seus principais ídolos e líderes, Mano Brown, dos Racionais MC's. Esses jovens sabem, pela experiência cotidiana, que o policial nunca se engana, sejam esses jovens negros de pele mais clara ou escura.

No entanto, as redefinições da identidade racial, que vêm sendo empreendidas pelo avanço da conscientização de negros e já são perceptíveis em levantamentos estatísticos, tendem a ser atribuídas apenas a um suposto ou real oportunismo promovido pelas políticas de cotas, fenômeno recente que não explica a totalidade do processo em curso.

A fuga da negritude é a medida da consciência de sua rejeição social e o desembarque dela sempre foi incentivado e visto com bons olhos pela sociedade. Cada negro claro ou escuro que celebre sua mestiçagem – ou suposta morenidade – contra sua identidade negra tem aceitação garantida. O mesmo ocorre com aquele que afirma que o problema é somente de classe, e não de raça. Esses são os discursos politicamente corretos de nossa sociedade. São os discursos que o branco brasileiro nos ensinou e gosta de ouvir e que o negro que tem juízo obedece e repete. Mas as coisas estão mudando...

9

Racismo na educação infantil[31]

No dia 27 de outubro de 2000, a professora Eliane Cavalleiro lançou o livro *Do silêncio do lar ao silêncio escolar: racismo, discriminação e preconceito na educação infantil*[32]. Houve certa tensão entre a autora e algumas professoras presentes, mas também muito interesse dos jovens na apresentação do trabalho. O livro, originalmente apresentado como dissertação de mestrado na Faculdade de Educação da Universidade de São Paulo, é fruto da observação sistemática do cotidiano escolar de uma Escola Municipal de Educação Infantil (Emei) da região central de São Paulo, durante um período de oito meses, em três salas de aula de crianças entre 4 e 6 anos de idade.

Observou-se a relação professor-aluno, aluno-professor e aluno-aluno, considerando as expressões verbais, as práti-

....

31. Artigo publicado originalmente no *Correio Braziliense*, 10 nov. 2000.
32. CAVALLEIRO, Eliane. *Do silêncio do lar ao silêncio escolar: racismo, discriminação e preconceito na educação infantil*. São Paulo: Contexto, 2000.

cas não verbais e as práticas pedagógicas do ambiente escolar. A tensão da exposição de Eliane, educadora negra que ousou escarafunchar o espaço sacrossanto da educação infantil, com várias outras educadoras certamente se deve ao fato de que a pesquisa apresenta dados irrefutáveis sobre a crueldade com que seres humanos tão pequeninos são tratados. Outro motivo é que a maioria das professoras (o universo era de mulheres) parece perceber a existência do preconceito racial na sociedade; entretanto, contraditoriamente, nega que ele esteja presente dentro da escola, como se no tecido social doente a escola representasse uma célula sã.

O interesse dos jovens provavelmente está ligado ao reconhecimento das situações discriminatórias. Raphael, um dos jovens debatedores, perguntou a Eliane como ela se sentiu ao fazer a pesquisa.

Ela respondeu que muitas vezes teve de se esforçar para não intervir nas dinâmicas escolares discriminatórias que deixavam as crianças negras fragilizadas, hostilizadas, catatônicas, e não o fez porque sua metodologia de pesquisa não permitia intervenções. Contrariando as referências bibliográficas analisadas e o depoimento das próprias professoras da escola pesquisada, Eliane percebeu conflitos e hierarquizações raciais entre as crianças, como demonstrou o depoimento de uma garota negra de 6 anos. Segundo Eliane, as crianças só brincavam com ela quando levava brinquedo. Quando indagada por quê, a menina respondeu: "Porque sou preta. A gente estava brincando de mamãe. A Catarina branca falou: 'Eu não vou ser tia dela' (da própria criança que está narrando). A Camila, que é branca, não tem nojo de mim". A pesquisadora pergunta: "E as outras crianças têm nojo de você?" Responde a garota: "Têm". Trata-se apenas de um exemplo, pinçado entre dezenas que estarrecem o leitor a cada página.

A omissão e o silêncio das professoras diante dos estereótipos e dos estigmas impostos às crianças negras são a tônica de sua prática pedagógica. Outra menina negra conta que as crianças xingam-na de "preta que não toma banho" e acrescenta: "Só porque eu sou preta elas falam que não tomo banho. Ficam me xingando de preta cor de carvão. Ela me xingou de preta fedida. Eu contei à professora e ela não fez nada". Dois meninos negros eram chamados por uma professora de "filhotes de São Benedito" porque ela os achava "o cão em forma de gente". Como consequência, a autoestima dessas crianças e sua autorrepresentação ficarão seriamente abaladas. A imagem de si mesmas será inferiorizada, e as crianças brancas que presenciaram as cenas provavelmente se sentirão superiores a elas. Estabelece-se, assim, o círculo vicioso do racismo que estigmatiza uns e gera vantagens e privilégios para outros.

A observação das crianças nos espaços de lazer permitiu à pesquisadora presenciar situações concretas de preconceito e discriminação entre elas. Nesse lócus da liberdade, longe das professoras, as crianças podiam escolher seus parceiros e decidir por quanto tempo permaneceriam brincando com eles. As manifestações discriminatórias foram ouvidas nos momentos em que algo era disputado: poder, espaço físico ou companhia. As crianças repetiam os ensinamentos e comportamentos discriminatórios dos adultos. Foi nesse contexto que um garoto branco sugeriu a outro garoto negro que levasse para casa um carrinho abandonado no tanque de areia, porque "preto tem que roubar mesmo".

Racismo, sexismo e desigualdade no Brasil

De volta à relação professor-aluno, a pesquisa mostra que as crianças brancas recebem mais oportunidades de se sentir aceitas e queridas que as demais; elas são consideradas "boas", os elogios são feitos a elas como pessoas – são inteligentes, espertas, bonitas etc. No caso das crianças negras, são feitos elogios às tarefas que estão benfeitas, mas não a elas como seres humanos dignos de admiração e incentivo.

O trabalho de Eliane atinge seu objetivo: constitui-se caldo de cultura fecundo para gerar estratégias que elevem a autoestima de pessoas pertencentes a grupos discriminados, potencializando, dessa forma, a convivência positiva entre as pessoas na escola, pautada pelos princípios da igualdade.

10
Colorindo egos[33]

Em setembro de 2002 ocorreu em São Paulo o I Congresso Brasileiro Ciência & Profissão, promovido pelo Fórum de Entidades Nacionais da Psicologia Brasileira. Um megaevento com mais de 14 mil inscritos, voltado para a avaliação da produção científica, profissional e das perspectivas futuras dessa disciplina. Entre os temas em debate, psicologia, preconceito racial e humilhação social, uma decorrência da campanha "Preconceito Racial Humilha; Humilhação Social Faz Sofrer", desencadeada pela Comissão Nacional de Direitos Humanos do Conselho Federal de Psicologia, envolvendo também os 15 conselhos regionais de psicologia.

Há anos dizemos que já temos acúmulo em diversas áreas do conhecimento sobre as consequências sociais do racismo e da discriminação social. Em particular, a antro-

....

33. Artigo publicado originalmente no *Correio Braziliense*, 6 set. 2002.

Racismo, sexismo e desigualdade no Brasil

pologia e a sociologia vêm contribuindo significativamente para a desmistificação, no plano das ideias, do mito da democracia racial e para a explicitação das desigualdades raciais existentes, notadamente entre negros e brancos no Brasil.

Mais recentemente, economistas vêm qualificando mais a magnitude dessas desigualdades a ponto de, neste momento, podermos afirmar que vivemos em um país apartado racialmente, dadas as disparidades nos Índices de Desenvolvimento Humano (IDHs) encontradas para brancos e negros.

Temos hoje, portanto, razoável radiografia socioeconômica das desigualdades raciais produzidas pelo racismo e pela discriminação. No entanto, esses diagnósticos se ressentem da ausência de estudos sobre um dos aspectos mais perversos do racismo e da discriminação racial: os danos psíquicos e, sobretudo, o golpe na autoestima que os mecanismos discriminatórios produzem nas vítimas do racismo.

Nesse sentido, a psicologia é uma das áreas das ciências humanas que menos têm contribuído para minimizar o problema, sobretudo para diminuir o sofrimento psíquico que ele provoca.

Essa lacuna no conhecimento do impacto do racismo e da discriminação sobre a subjetividade negra se revela na escassa bibliografia sobre o tema na área da psicologia, o que motivou outra iniciativa importante do Conselho Federal de Psicologia: a instituição do Prêmio Arthur Ramos com o tema Pluralidade étnica: um desafio de incentivo à psicologia brasileira, um incentivo a pesquisas sobre o assunto.

Ela é também, segundo seus organizadores, produto da crescente percepção do papel e da responsabilidade social da psicologia na diminuição do sofrimento psíquico dos seres humanos e do reconhecimento de que as condições de vida a que está submetida a maioria da população brasileira são fontes geradoras de sofrimento psicológico e uma forma de violação dos direitos humanos.

Tal como afirma Jurandir Freire da Costa[34], "ser negro é ser violentado de forma constante, contínua e cruel, sem pausa ou repouso por uma dupla injunção: a de encarnar o corpo e os ideais de ego do sujeito branco e a dor de recusar e anular a presença do corpo negro".

Em *Significações do corpo negro*, uma das raras teses de doutorado em psicologia, a autora reafirma que,

> à medida que o negro depara com o esfacelamento de sua identidade negra, ele se vê obrigado a internalizar um ideal de ego branco. No entanto, o caráter inconciliável desse ideal de ego com sua condição biológica de ser negro exigirá um enorme esforço a fim de conciliar um ego e um ideal, e o conjunto desses sacrifícios pode até mesmo levar a um desequilíbrio psíquico.[35]

Por outro lado, a introdução da variável etnorracial nos estudos e no trabalho cotidiano dos profissionais da psicologia deve aprofundar também a investigação dos efeitos perversos sobre a subjetividade dos brancos, das represen-

....

34. COSTA, Jurandir Freire da. *Violência e psicanálise*. Rio de Janeiro, Graal, 1986, p. 104.
35. NOGUEIRA, Izildinha Baptista. *Significações do corpo negro*. Tese (Doutorado em Psicologia Escolar e do Desenvolvimento Humano) – Universidade de São Paulo (SP), 1998, p. 88.

Racismo, sexismo e desigualdade no Brasil

tações imaginárias e simbólicas do corpo branco como instrumento de poder e de privilégios à custa da opressão material e simbólica dos outros. Em termos de saúde mental, o que significam um ego e uma subjetividade inflados pelo sentimento de superioridade racial?

Para que se possa quebrar o círculo vicioso de produção de egos inflados *versus* egos deprimidos, é preciso agir sobre as duas pontas do problema em prol da construção de um círculo virtuoso em que compartilhar igualitariamente a diversidade humana seja um princípio de enriquecimento para todos.

Nesse sentido, a desconstrução da brancura como ideal de ego da sociedade é imperativo para a libertação e cura de todos: negros, brancos, indígenas, orientais. E talvez nisso resida o papel mais estratégico que os psicólogos têm a cumprir.

11
Viveremos![36]

"A mulher que cuida das crianças pede ao menino de 5 anos que explique o que acontece. Ele diz: 'A polícia entrou aqui, mandou todas as crianças encostarem na parede desse jeito e falou que levaria todos nós para a Febem se a gente não contasse onde estavam escondidas armas e drogas'. O garoto se juntou à menininha, mãos na parede. Mais sete crianças repetiram o ato."[37]

A reportagem da qual retirei essa epígrafe estende-se na descrição das incursões policiais na favela dos Pilões (zona sul de São Paulo). Em uma das visitas, três mortos: jovens com menos de 30 anos, todos trabalhadores, um deles epiléptico. O patrão de dois deles custeou os funerais e ofertou aos corpos urnas de madeira nobre talvez num gesto simbó-

....

36. Artigo publicado originalmente no *Correio Braziliense*, 29 maio 2006.
37. CAPRIGLIONE, Laura. "Em favela, Rota 'dá dura' até em crianças". *Folha de S.Paulo*, 21 maio 2006, caderno Cotidiano.

Racismo, sexismo e desigualdade no Brasil

lico de resgate da dignidade daqueles jovens e expressão da consciência da injustiça cometida. É apenas um dos casos das dezenas que estão vindo a público pela pressão de órgãos de imprensa, do Ministério Público Estadual de São Paulo e do Conselho Regional de Medicina de São Paulo (Cremesp), pela divulgação da relação e acesso aos laudos periciais dos suspeitos mortos pela polícia em represália ao assassinato de policiais civis e militares e agentes penitenciários nos ataques perpetrados pelo Primeiro Comando da Capital (PCC). Previsível, mas sempre chocante.

Os líderes das associações de policiais civis e militares foram unânimes em responsabilizar as autoridades públicas pelos atos daquela organização criminosa e, sobretudo, pela morte dos policiais e agentes penitenciários insuficientemente equipados para exercer a função de proteger os cidadãos e defender a própria vida. E, sobretudo, por não estarem informados, segundo alguns relatos, das ameaças que pesavam sobre a vida deles. Sentiram-se traídos.

Para o governador de São Paulo, a culpa é da elite brasileira: "Uma minoria branca muito perversa". Quem somos nós para discordar de quem conhece como ninguém a natureza profunda dos seus? De minha parte, entendo que todos estão certos em sua avaliação. Tanto os líderes das associações de policiais quanto o governador.

No entanto, nem as autoridades responsáveis pela segurança pública ou pelo sistema prisional nem a elite perversa são o alvo da represália dos policiais ou do governador. A ira de ambos se abate sobre os de sempre, da parte dos policiais por ação e do governador por omissão ou conivência diante da matança indiscriminada dos que são alvo (embora majoritariamente negros) da perversidade da tal minoria branca. Em 16 de maio de 2006, informava-se que no IML de São Paulo havia 15 corpos. A maioria era de jovens, negros, e apresentava buracos de bala na cabeça. Desde então, os números não pararam de aumentar.

Não quero, como sempre, chorar mais esses mortos em praça pública. Clamar contra esse genocídio como tantas vezes já fiz. Talvez porque, desta vez, as coisas foram tão longe que atingiram um ponto insustentável, em que é preciso conter a consciência, em sua capacidade de vislumbrar e analisar o horror em toda a sua plenitude, para não desistir. É preciso esquecer por instantes o número de vítimas chacinadas e celebrar a vida e a luta pela emancipação que se trava a cada dia, que tanto faz recrudescer a violência e o ódio racial quanto aumenta em cada um de nós a consciência de por que morremos. É preciso ir ao encontro da vida para buscar forças para resistir.

Vou para as ruas, o palco dos sacrifícios e redenções. Respiro o ar poluído desta São Paulo estranha, admiro a paisagem cinzenta deste outono invernal. Nas voltas por alguns quarteirões, vejo crianças negras como as encontradas na favela dos Pilões: meninas, como foi citado na reportagem da *Folha*, de "olhos negros, grandes e redondos e penteado maria-chiquinha". Mas elas estão voltando da escola, mochilas pesadas às costas, trancinhas balançantes. Tagarelam alegremente. Uma alegria que sopra em minha mente um eco que diz: "Viveremos!"

Atravesso uma praça e um grupo de adolescentes negros joga carteado. Minha mente viciada na paranoia da violência não deixa de imaginar: se passar um carro de polícia por aqui agora, eles estarão em apuros e pode até acontecer o pior. Parecem jogar buraco e uma dupla vence festejando com

Racismo, sexismo e desigualdade no Brasil

alegre algazarra. Rejeito a armadilha da mente paranoica e deixo a algazarra alegre penetrar em mim, e ela também me anuncia: "Viveremos!"

Qualquer um de nós pode ser a próxima vítima, mas neste momento ainda estamos aqui, vivos, em testemunho de resistência, contrariando as estatísticas, os prognósticos e os desejos da minoria citada pelo governador ou de seus braços armados, os exterminadores do futuro. Mas, em cada um dos rostos negros que encontro em minha caminhada, pulsa uma esperança de vida que desafia a violência do racismo. Viveremos!

Os intelectuais racistas do fim do século XIX e começo do XX estimavam que em torno de 2015 o Brasil estaria livre da "mancha negra". Sobrevivemos à escravidão, temos sobrevivido à exclusão, sobreviveremos aos periódicos genocídios. Somos "uma pretalhada inextinguível", como disse, em desespero, Monteiro Lobato. Viveremos!

12
A sombra de seu sorriso[38]

Era fim da década de 1970 e isso perdurou por toda a década de 1980. Vivíamos o auge da efervescência das teses e dos grandes programas de planejamento urbano e engenharia de tráfego. Emergiam grandes técnicos, grandes planejadores urbanos que pareciam capazes de tornar uma cidade como São Paulo viável em termos de qualidade de vida, de uso do solo e de organização do tráfego.

Arquitetos, engenheiros, cientistas sociais, gente de todas as colaborações políticas e ideológicas empenhava-se no desafio de planejar a maior cidade da América Latina. As disputas teóricas e práticas em especial, entre arquitetos e engenheiros, e as diferentes visões que os orientavam na concepção e no futuro da cidade tinham em comum apenas um nome, presente em todas as bibliografias dos planos e projetos urbanos: Milton Santos. Uma unanimidade, refe-

....

38. Artigo publicado originalmente no *Correio Braziliense*, 6 jul. 2001.

rência obrigatória para todos os que se dispunham a pensar e a agir sobre aquele território.

Trabalhei durante dez anos na área de planejamento e acostumei-me também, sem conhecê-lo pessoalmente, a citar recorrentemente o mago dos "planejeiros" como todos os outros. Certo dia, minha irmã, então secretária de departamento na Coordenadoria-geral de Planejamento do Município de São Paulo (Cogep), recebeu a ligação de um homem de fala mansa e educada. Era Milton Santos solicitando uma reunião com seu coordenador. Consciente da fama e da importância de quem estava do outro lado da linha, ela prontamente o atendeu e reservou o horário.

Dias depois, entrou em sua sala um senhor muito preto de voz mansa e educada. Ela lhe perguntou o que desejava. Ele disse que tinha hora marcada com o coordenador. Minha irmã consultou a agenda e perguntou seu nome. Ele respondeu: "Milton Santos". Como "amarelar" ela não podia, simplesmente "acinzentou" e, toda nervosa, ofereceu-lhe água e café e a melhor poltrona da recepção. Pediu licença e correu para avisar o chefe. Este imediatamente veio recebê-lo com toda a pompa. Milton Santos, como sempre, sorriu docemente com profunda compreensão e serenidade do espanto dela e das mesuras de seu chefe.

Fechou-se a porta atrás de ambos, e ela, afoita, me ligou. Eufórica e orgulhosa disse: "Sueli, ele é preto!" É verdade. Durante anos ouvindo falar dele, nunca soubemos que era preto. Se alguém nos disse, não creio que estávamos prontas para ouvir e elaborar em nossa mente, à época, ainda condicionadas pelo racismo, que um negro era grande referência teórica de todos aqueles brancos. Talvez de fato tenha também havido muitos silêncios em relação à sua cor, pois, para alguns, referir-se a ela poderia parecer rebaixá-lo à moda de Olavo Bilac, grande poeta brasileiro que, diante de Machado de Assis, no esforço de enaltecê-lo, grafou: "Machado de Assis não é negro, é um grego".

Transitava, consciente dos contorcionismos que provocava, pela não correspondência entre os estigmas que aprisionam o corpo negro e sua condição de *scholar*, ícone de excelência acadêmica, supostamente um atributo de corpos e mentes brancos. Tive a oportunidade de contar a ele essa historieta idiota sobre a minha descoberta de sua cor. Ele, com a complacência que só os sábios têm diante dos néscios, sorriu uma vez mais mansamente...

Foi e é muito respeitado. Mais pela impossibilidade de subtrair-lhe o reconhecimento à sua extraordinária produção. Mas pagou o preço pela inteligência rara, pela originalidade de seu pensamento e independência intelectual no sentido mais pleno da palavra; um produtor de conhecimento de alta excelência, numa terra em que preto deveria contentar-se em ser apenas objeto de estudo.

Por isso as principais homenagens que recebeu por sua contribuição ao pensamento mundial lhe foram feitas fora do país, em contraste com a bajulação constante de que gozam muitos intelectuais de menor porte ou sem o seu prestígio e importância internacional. Mas isso também evidencia um tipo de autonomia e de rigor acadêmico e intelectual que, ao não comportar o elogio fácil e servil a si mesmo e aos outros, o situou sempre na direção oposta desse senso comum.

A serenidade permanente, o sorriso manso e a fala educada contrastavam com a radicalidade das suas ideias e posições. Radicalidade entendida como o "tomar as coisas pela

Racismo, sexismo e desigualdade no Brasil

raiz" e não se permitir concessões teóricas que conspurcassem princípios científicos e éticos. Igualmente, nenhuma condescendência ou confinamento a uma negritude redutora da expressão de sua inteireza humana como prefeririam muitos.

Nas poucas vezes em que tive o privilégio de encontrá-lo e ouvi-lo sobre a questão racial, havia um não dito no qual reverberava para mim a célebre frase do poeta nigeriano Soyinka: "O tigre não lardeia a sua tigretude, ele simplesmente ataca". Negritude, no seu caso, não carecia de afirmação, era pura expressão de racionalidade e sensibilidade humanas em sua acepção maior, construídas possivelmente graças à "permanente vigília". Conforme ele enfatizava, "o fato de ser negro o conduzia". Negritude concebida e manejada como um instrumento de refinamento e de percepção, apropriação e projeção do território e do humano em toda a sua complexidade. Senhor dos espaços, confiante, dizia: "Há dois abrigos para o homem, um é a Terra; o outro, o infinito".

13
Em legítima defesa[39]

Muitas são as razões que advêm de uma realidade inaceitável contra a qual a militância negra vem historicamente lutando e diante da qual as respostas do Estado permanecem insuficientes, exigindo permanente esforço de compreensão.

Assim, contrato racial, biopoder e epistemicídio, por exemplo, são conceitos que se prestam como contribuição ao entendimento da perversidade do racismo. São marcos conceituais que balizaram a tese de doutorado que defendi na Universidade de São Paulo (USP), em agosto de 2005, sob o título *A construção do outro como não ser como fundamento do ser*[40]. Nela procurei demonstrar a existência, no Brasil, de um contrato racial que sela um acordo de exclusão e/ou subalternização dos negros, no qual o epis-

....

39. Artigo publicado originalmente no *Correio Braziliense*, 29 out. 2005.
40. CARNEIRO, Sueli. *A construção do outro como não ser como fundamento do ser*. Tese (Doutorado em Educação) – Universidade de São Paulo (SP), 2005.

temicídio cumpre função estratégica em conexão com a tecnologia do biopoder.

No livro *The racial contract*, o filósofo afro-americano Charles W. Mills propõe que tomemos a inquestionável supremacia branca ocidental no mundo como um sistema político não nomeado, porque ela estrutura "uma sociedade organizada racialmente, um Estado racial e um sistema jurídico racial, onde o *status* de brancos e não brancos é claramente demarcado, quer pela lei, quer pelo costume[41]". Um tipo de sociedade em que o caráter estrutural do racismo impede a realização dos fundamentos da democracia, sejam a liberdade, a igualdade e a fraternidade, posto que semelhante sociedade consagra hegemonias e subalternizações racialmente recortadas.

A branquitude como sistema de poder fundado no contrato racial, da qual todos os brancos são beneficiários, embora nem todos sejam signatários, pode ser descrita no Brasil por formulações complexas ou pelas evidências empíricas, como no fato de que há absoluta prevalência da brancura em todas as instâncias de poder da sociedade: nos meios de comunicação, nas diretorias, gerências e chefias das empresas, nos poderes Legislativo, Executivo e Judiciário, nas hierarquias eclesiásticas, no corpo docente das universidades públicas ou privadas etc.

Por seu lado, Michel Foucault entende ser o racismo, contemporaneamente, uma dimensão do poder soberano sobre a vida e a morte. Operacionaliza-se, segundo Foucault, por

....

41. MILLS, Charles W. *The racial contract*. Nova York: Cornell University Press, 1999, p. 13-14.

meio do biopoder, conceito que descreve uma tecnologia de poder, uma biopolítica que permite a eliminação dos segmentos indesejáveis. Foucault sintetiza essa operação na expressão "deixar viver ou deixar morrer". Assim, para ele, "[...] o racismo é indispensável como condição para poder tirar a vida de alguém, para poder tirar a vida dos outros. A função assassina do Estado só pode ser assegurada desde que o Estado funcione, no modo do biopoder, pelo racismo"[42].

A análise dos dados sobre mortalidade, morbidade e expectativa de vida sustenta a visão de que a negritude se acha inscrita no signo da morte no Brasil, sendo sua melhor ilustração o déficit censitário de jovens negros, já identificados estatisticamente em função da violência que os expõe de modo prioritário ao "deixar morrer", além dos demais negros e negras, cuja vida é cerceada por mortes evitáveis, que ocorrem pela omissão do Estado.

Alia-se a esse processo de banimento social a exclusão das oportunidades educacionais, o principal ativo para a mobilidade social no país. Nessa dinâmica, o aparelho educacional tem se constituído, de forma quase absoluta, para os racialmente inferiorizados, como fonte de múltiplos processos de aniquilamento da capacidade cognitiva e da confiança intelectual. É fenômeno que ocorre pelo rebaixamento da autoestima que o racismo e a discriminação provocam no cotidiano escolar; pela negação aos negros da condição de sujeitos de conhecimento, por meio da desvalorização, negação ou ocultamento das contribuições do Continente

....

42. FOUCAULT, Michel. *Em defesa da sociedade*. São Paulo: Martins Fontes, 2002, p. 306.

Racismo, sexismo e desigualdade no Brasil

Africano e da diáspora africana ao patrimônio cultural da humanidade; pela imposição do embranquecimento cultural e pela produção do fracasso e evasão escolar. A esses processos denominamos epistemicídio.

Assim, a marcha de 16 de novembro será realizada contra a persistência dessa lógica que informa o Estado brasileiro de que ele, quando não mata, mantém a maioria de nossa população em condições de indigência material e cultural, refém do paternalismo e do assistencialismo. Marcharemos contra o racismo, pela cidadania, pela vida e por reparações. Em legítima defesa. E convocamos a todas e todos os que não são signatários desse contrato racial perverso a marchar conosco, em honra à memória de Zumbi dos Palmares e pela conquista da plena cidadania para todos.

COTAS

14

Focalização *versus* universalização[43]

Em diferentes estudos, o Instituto de Pesquisas Econômicas Aplicadas (Ipea) vem demonstrando que o problema da pobreza no Brasil não resulta da falta de recursos, mas de um alto grau de desigualdade. A segunda constatação é que as políticas universalistas implementadas não têm sido capazes de reduzir essas desigualdades. A terceira é que o combate à desigualdade tem impacto superior sobre a redução da pobreza do que via crescimento econômico. É mais rápido, mais barato e mais justo socialmente.

Se o conceito de focalização é neoliberal e foi, segundo alguns especialistas, inventado pelo Consenso de Washington, a produção e reprodução de desigualdades, a transferência dos benefícios das políticas sociais dos mais pobres para os mais ricos têm se constituído um *know-how* brasileiro, que aperfeiçoamos há mais de um século, desde o pós-abolição,

....

43. Artigo publicado originalmente no *Correio Braziliense*, 25 abr. 2003.

cujo resultado, sob o signo das políticas universalistas, é a extraordinária concentração de renda do país, que o tal consenso apenas agrava.

Portanto, a focalização apresenta-se, no nosso contexto de exclusão histórica de amplas parcelas populacionais, como pré-requisito para o resgate da solidariedade devida pelas políticas universalistas ao conjunto da sociedade. Isso implica o reconhecimento de que elas, historicamente, abandonaram esse princípio de solidariedade, o que resultou na apropriação por não pobres de recursos destinados aos pobres. Esse é o estado da arte. E não será pela submissão a um princípio abstrato de universalismo, que na prática social se realiza como farsa, reproduzindo privilégios, que se poderá enfrentar, decisivamente, o problema da pobreza, da miséria e da concentração de renda no país.

O debate focalização *versus* universalização faz supor que não haja focalização nas políticas universalistas no Brasil, que elas são neutras e igualitárias. Uma análise sobre a distribuição dos recursos a creches pelos estados brasileiros revelou, segundo o pesquisador Ricardo Paes de Barros[44], que

> a última criança atendida em Santa Catarina tinha renda *per capita* de 50 reais. Em Pernambuco, a renda da criança era de 5 reais. O Conselho Nacional de Assistência Social (CNAS) segue o que eles chamam de "critério histórico": o dinheiro do passado se divide como sempre se dividiu, só se vier mais dinheiro é que se pensa nos pobres.

....

44. BARROS, Ricardo Paes de. Relatório do Seminário Care/IETS – Erradicar a pobreza: compartilhar o desafio, São Paulo, 14 e 15 de dezembro de 2001, p. 18.

Racismo, sexismo e desigualdade no Brasil

Outro exemplo: o resultado das políticas universalistas na área da educação no Brasil é, como informa José Márcio Camargo (PUC-RJ)[45], que 92% dos estudantes das universidades públicas estão entre os 20% mais ricos da população. A probabilidade de uma pessoa que vive em uma família entre os 40% mais pobres chegar a uma universidade pública é zero. Não por acaso, o Censo Étnico-racial realizado pela Universidade de São Paulo acusou, simplesmente, um déficit de estudantes negros.

A defesa intransigente das políticas universalistas no Brasil guarda, por identidade de propósitos, parentesco com o mito da democracia racial. Ambas realizam a façanha de cobrir com um manto "democrático e igualitário" processos de exclusão racial e social que perpetuam privilégios. Postergam, igualmente, o enfrentamento das desigualdades que conformam a pobreza e a exclusão social.

Nesse sentido, o debate focalização *versus* universalização se constitui um embuste se não admitirmos que, historicamente, as políticas universalistas não vêm realizando sua concepção ideal de romper com a graduação de direitos. Para que elas possam corresponder a essa concepção ideal, é mister reconhecer os fatores que vêm determinando a reprodução das desigualdades que elas eternizam e tomar a focalização como instrumento de correção desses desvios históricos, e não como alternativa de política social. Ou seja: a realização dos ideais das políticas universalistas no Brasil depende de sua focalização nos segmentos sociais que, historicamente, elas mesmas vêm excluindo. E o parâmetro de qualidade que devem perseguir e oferecer são os padrões dos serviços desfrutados pelas classes média e alta da sociedade.

....

45. Para ler o artigo completo, consulte: http://exame.abril.com.br/revista-exame/edicoes/0791/noticias/escolha-de-sofia-m0045118. Acesso em 02. fev. 2011.

15
Nós?[46]

Em artigo contrário à adoção de cotas para os afrodescendentes nas universidades, a juíza federal Mônica Sifuentes[47] argumenta que "[...] para nós, mulheres, não houve necessidade de estipular cotas. Bastou a concorrência em igualdade de condições com os homens para que hoje fôssemos maioria em todos os cursos universitários do país".

A utilização do pronome "nós" pela juíza faz supor que as mulheres são um grupo homogêneo que compartilha igualitariamente das oportunidades sociais, em especial no que concerne ao acesso à educação.

No entanto, segundo dados do Ministério da Educação, em 2000 apenas 2,2% do contingente de formandos nas universidades eram negros, enquanto os brancos representaram 80%.

....

46. Artigo publicado originalmente no *Correio Braziliense*, 22 fev. 2002.
47. SIFUENTES, Mônica. "Direito & Justiça". *Correio Braziliense*, Brasília, 18 fev. 2002.

Racismo, sexismo e desigualdade no Brasil

O argumento da juíza não leva em conta o fato de os homens entrarem mais cedo do que as mulheres no mercado de trabalho com prejuízos para a sua permanência no sistema educacional e que, apesar disso, os estudos recentes sobre a mulher no mercado de trabalho revelam que elas precisam de uma vantagem de cinco anos de escolaridade para alcançar a mesma probabilidade dos homens para obter um emprego no setor formal. Para que as mulheres negras alcancem os mesmos padrões salariais das mulheres brancas com quatro a sete anos de estudos, elas precisam de mais quatro anos de instrução, ou seja, de oito a 11 anos de estudos. Essa é a igualdade de gênero e de raça instituídas no mercado de trabalho e o retorno que as mulheres, sobretudo as negras, têm do seu esforço educacional.

Dentre a porcentagem ínfima de negros que adentram as universidades em nosso país, deve estar a leitora deste jornal Carla Ubaldina Carneiro de Oliveira que, em carta ao *Correio*, de 20 de fevereiro de 2002, diz: "Será intolerável ver minha vitória pessoal, resultante do esforço e dedicação que tive durante toda a minha vida aos estudos, ser considerada fruto de uma 'vantagem' concedida à população negra por uma determinação legal, a qual abomino".

A postura da leitora demonstra a eficiência dos mecanismos educativos e ideológicos de nossa sociedade para nos inculcar a visão de que a mobilidade social está aí, disponível igualitariamente para todos, dependendo apenas do esforço pessoal de cada um para a sua realização. Desaparecem, assim, as condições históricas que vêm produzindo e reproduzindo a pobreza dos negros. Então, os excluídos, de vítimas, se tornam réus. Nessa armadilha em que o individualismo liberal nos enreda, a mobilidade social individual de uma pessoa negra é utilizada contra o seu próprio grupo racial reiterando os estigmas que o atinge. O negro "bem-sucedido" torna-se a exceção que confirma a regra discriminatória: se um consegue, os demais não se esforçaram o suficiente.

A reivindicação de cotas e políticas de ação afirmativas não desqualifica o grupo negro. Ao contrário, representa sua confirmação como sujeito de direitos, consciente de sua condição de credor social de um país que promoveu a acumulação primitiva de capital pela exploração do trabalho escravo, não ofereceu nenhum tipo de reparação aos negros na abolição e permanece lhe negando integração social por meio das múltiplas formas de exclusão racial vigentes na sociedade, das quais o não acesso à educação é uma das mais perversas.

O que devemos abominar é um processo histórico que transformou seres humanos em mercadorias e instrumentos de trabalho. E, depois de explorá-los por séculos, destinou-os à marginalização social.

A adoção de ações compensatórias deve ser a expressão do reconhecimento de que é chegada a hora de o país se reconciliar com uma história em que o mérito tem se constituído em um eufemismo para os privilégios instituídos pelas clivagens raciais persistentes na sociedade.

16
Valeu, Zumbi![48]

Sempre que penso em Zumbi dos Palmares, reafirma-se a minha confiança na história, na capacidade do tempo de rever e recontar a história, em aliança com os seres humanos sinceramente empenhados na busca da verdade.

Lembro-me das incontáveis vezes em que a palavra "zumbi" era usada na minha infância para assustar as crianças travessas. E é admirável como de lá para cá a palavra vem sendo ressignificada. Tornou-se nome próprio, tendo por sobrenome um território, Palmares, símbolo da resistência dos negros à escravidão. O "morto-vivo" levado para o imaginário popular por meio das versões oficialescas sobre a escravidão dá lugar ao escravo rebelde e libertário, que exige o seu lugar na história e, ao fazê-lo, revela outra narrativa. É o primeiro herói popular do Brasil, encarnando, contra o mito da passividade do negro, a luta da dignidade humana

....

48. Artigo publicado originalmente no *Correio Braziliense*, 23 nov. 2001.

contra toda forma de opressão. A cada novo 20 de Novembro ele se espraia, amplia o seu território na consciência nacional, empurra para os subterrâneos da história seus algozes, que foram travestidos de heróis. Adeus, Domingos Jorge Velho. Já vai tarde!

Diz Edson Cardoso, militante negro de Brasília, que a maturidade de um país se mede também por sua capacidade de reapropriação de seu passado, sendo esse transbordamento crescente do 20 de Novembro o sinal do avanço dessa transnegrescência, que, pela justeza de propósitos que carrega, faz que Zumbi se torne cada vez mais herói de todos.

Nesse 20 de Novembro, de novo desfilaram diante de nós as estatísticas das desigualdades raciais e também se manifestaram os diferentes artifícios para emperrar ou retardar a adoção das medidas corretivas, mesmo após o reconhecimento da Conferência Mundial contra o Racismo, ocorrida em Durban em setembro passado, da urgência de implementação de políticas públicas de combate ao racismo e promoção da igualdade para os afrodescendentes.

Inúmeros projetos de lei esperam pela vontade política dos deputados, e outros, já aprovados, se defrontam com as clássicas artimanhas para a sua inviabilização.

É o caso do projeto de lei sancionado pelo governo do Rio de Janeiro que prevê a adoção de cotas para negros no nível universitário, sobre o qual se instaurou a velha polêmica da impossibilidade de definir quem é negro. Outros "argumentos" conspiram também contra a política de cotas.

Um dos mais recorrentes é o de que as cotas reproduzem as injustiças que pretende corrigir, por abdicar do mérito como critério de acesso aos níveis superiores de educação.

Racismo, sexismo e desigualdade no Brasil

O princípio que orienta a adoção de políticas de ação afirmativas e um de seus instrumentos, as cotas, baseia-se num imperativo ético e moral de reconhecimento das desvantagens historicamente acumuladas pelos grupos discriminados em dada sociedade, que sustentam os privilégios de que desfrutam os grupos raciais dominantes e explicam as desigualdades de que padecem os dominados. Nesse sentido, as políticas compensatórias têm o claro objetivo de corrigir a bolha inflacionária em favor dos grupos racialmente dominantes no acesso às oportunidades sociais, de modo a realizar o princípio de igualdade para o que se impõe que esses grupos sejam objeto de discriminação positiva que os aproximem dos padrões sociais alcançados pelos grupos dominantes. Há, ainda, o reconhecimento de que o mérito, ainda que exista, na *performance* individual dos racialmente hegemônicos está mediado pela exclusão intencional dos discriminados, o que limita o alcance da proeza pela desigualdade de origem instituída nos termos da competição social.

Então, quando o mérito é invocado para barrar propostas de promoção de igualdade racial, omite-se, escamoteia-se, a construção social, segundo a qual nascer branco consiste por si só num mérito, uma vantagem original cujo prêmio é conduzir "naturalmente" brancos ao acesso privilegiado dos bens sociais. O que todos os indicadores socioeconômicos desagregados por cor/raça confirmam.

No entanto, acima de todos esses argumentos, eleva-se a voz de quem tem como função a garantia da Constituição.

É a boa-nova desse 20 de Novembro trazida pelo ministro Marco Aurélio Mello, presidente do Supremo Tribunal Federal em palestra no seminário "Discriminação e Sistema Legal Brasileiro", realizado no Tribunal Superior do Trabalho.

O ministro Marco Aurélio afirmou que construir a igualdade requer, em princípio, reconhecer a desigualdade historicamente construída e que as chamadas minorias não dizem respeito à questão numérica, mas à questão de acesso às oportunidades. Sobre a constitucionalidade dessas medidas, tais iniciativas não se chocam com o texto constitucional porque, em última análise, o procedimento tem como objetivo a continuidade da própria Constituição.

Ao Legislativo, o ministro endereça esta frase: "As normas proibitivas não são suficientes para afastar do nosso cenário a discriminação. Nós precisamos contar, e fica aqui o apelo ao Congresso Nacional, com normas integrativas". A propósito, na próxima semana (26 e 27 de novembro de 2001), a Câmara dos Deputados realizará o seminário "Construindo a igualdade racial", promovido pela Comissão destinada a apreciar o projeto de lei que institui o Estatuto da Igualdade Racial. Mais uma oportunidade para avançarmos decisivamente nessa matéria.

O posicionamento do presidente do Supremo é um fato histórico em que o Poder, muitas vezes considerado o mais refratário às mudanças sociais, conclama as demais instâncias do Estado a sair de sua inércia perante as desigualdades raciais afirmando: "Nós sabemos que o preceito (lei) pode ser dispositivo ou imperativo. E aqui (no Tribunal Superior do Trabalho) nós estamos em um tribunal que lida com preceitos imperativos, porque se percebeu a necessidade de o Estado intervir para corrigir desigualdades".

Então, não havendo impedimento constitucional, e nenhuma outra instância a recorrer, cumpra-se! Só depende de vontade política para iniciarmos o retorno a Palmares, o nosso primeiro sonho de liberdade.

MERCADO DE TRABALHO

17

O combate ao racismo no trabalho[49]

Uma iniciativa pioneira da sociedade civil vem resultando em proposições exemplares de políticas públicas para a inclusão da diversidade racial e de gênero no mercado de trabalho. A Federação Nacional de Advogados (FENAdv) e o Instituto de Advocacia Racial e Ambiental (Iara) apresentaram ao Ministério Público Federal do Trabalho, em dezembro de 2003, 28 representações (denúncias) endereçadas a todos os seus 28 pontos regionais sobre a desigualdade racial no mercado de trabalho, requerendo a instauração de inquéritos civis públicos para a investigação dos setores industrial, bancário e comerciário sobre o tema. O objetivo é apurar a desigualdade racial no mercado de trabalho, em todo o Brasil.

Comprovada a desigualdade, ações civis públicas foram pedidas. A reação do Ministério Público Federal a tal propo-

....

49. Artigo publicado originalmente no *Correio Braziliense*, 23 maio 2005.

sição foi o Programa de Promoção de Igualdade de Oportunidade para Todos, sob a liderança do vice-procurador do Ministério Público do Trabalho Otávio Brito Lopes, que comanda a Coordenadoria Nacional de Promoção da Igualdade de Oportunidade e Eliminação da Desigualdade no Trabalho (Coordigualdade), órgão vinculado à Procuradoria-geral do Trabalho (PGT).

O acesso ao emprego e ao trabalho é condição primordial para a reprodução da vida, e sua exclusão é também a primeira forma de negação desse direito básico da cidadania. As evidentes barreiras de natureza racial e de gênero no acesso igualitário ao trabalho apresentadas pelos proponentes resultaram na consecução do referido programa, que parte de uma posição ativo-expectante, de confiança na possibilidade de sensibilizar as empresas e negociar com elas um novo pacto nas relações de trabalho – em que atitudes discricionárias percam o caráter naturalizado que adquiriram em nossa história laboral – para ensejar novos paradigmas de modernização dessas relações. Assim, percebe como urgente a adoção de mecanismos inclusivos pelas empresas para reverter as desvantagens historicamente acumuladas por segmentos sociais expostos sistematicamente a processos de discriminação no acesso ao mercado de trabalho.

O programa propõe ainda o ajuizamento de ações civis públicas contra instituições que não oportunizem igualdade de empregos em termos raciais. No seu lançamento, em 11 de abril de 2005, foi anunciado que cinco instituições financeiras privadas, ao apresentarem seus números ao MPT, descobriram até que ponto seu quadro de funcionários é desigual. Não há negros e negras em quantidade compatível com a população de Brasília (DF). A iniciativa contou com o decisivo apoio de técnicos do Ipea, do IBGE, da OIT, entre outros. A propósito, não localizaram também mulheres em cargo de chefia, pessoas com mais de 40 anos e deficientes físicos.

Como há muito propunha o Movimento Negro Brasileiro, o Brasil descobre outro Brasil ao deparar com o problema do racismo e tentar solucioná-lo. Graças a esse programa, procuradores do Trabalho de todo o país estão requisitando os números de todos os bancos privados para conhecer sua composição funcional racial. É uma revolução silenciosa no país. Os bancos mais ágeis, e sábios, poderão propor Termos de Ajustamento de Conduta (TACs) ao MPT e manter a gestão da mudança inclusiva em seu negócio. Aos resistentes, o rigor do ajuizamento de ações civis por desigualdade racial no mercado de trabalho abrirá um novo capítulo nessa batalha, desaguando no Judiciário. Outros segmentos, além dos bancos, estão na fila. Sindicatos e entidades do terceiro setor ligadas ao combate à discriminação racial estão se preparando para ingressar nessa arena ao lado do MPT. É um avanço.

A presença ativa do MP nesse tema é o reconhecimento da insustentabilidade das teses de igualdade de oportunidades, objeto de denúncia constante dos movimentos negros contemporâneos acerca dos mecanismos de preferências e exclusões raciais presentes na alocação dos indivíduos no mercado de trabalho, fato hoje repetidamente fundamentado nos dados estatísticos, em estudos e pesquisas no Brasil.

São esses os passos essenciais para que possamos romper com um tipo de sensibilidade social indiferente ou resignada com essa exclusão histórica. O MP torna-se parceiro da construção de uma nova realidade social na qual se troca um mito pela efetivação de uma verdadeira democracia racial. Em consonância com sua missão institucional, o MP assume sua responsabilidade de guardião e promotor da plena cidadania para todos como parte de suas atribuições de "defesa da ordem jurídica, do regime democrático e dos interesses sociais e individuais indisponíveis". É uma demonstração, cada vez mais rara, da parte de uma instituição pública de concretização de seu papel na consolidação dos ideais republicanos e democráticos que tanto ansiamos.

18

Trabalho e exclusão racial[50]

Um estudo sobre o atual perfil profissional exigido pelo mercado de trabalho brasileiro foi realizado pelo Ministério do Trabalho e pelo Instituto Brasileiro de Geografia e Estatística (IBGE). As preferências para o preenchimento das novas vagas recaem sobre aqueles que têm o mínimo de 11 anos de estudos. O nível de exigência de escolaridade é alto para os padrões nacionais, em que a média de escolaridade para brancos é de 6,6 anos de estudo e, para negros, 4,4.

Em um contexto econômico marcado por altas taxas de desemprego e pelo desemprego estrutural, são exigidos altos níveis de escolarização da mão de obra desempregada que presta os trabalhos mais banais, o que afasta cada vez mais os negros do mercado de trabalho, posto que eles reconhecidamente compõem o segmento social que experimenta as maiores desigualdades educacionais.

....

50. Artigo publicado originalmente no *Correio Braziliense*, 18 out. 2004.

Sessenta e quatro por cento das pessoas que conseguiram emprego segundo esse estudo têm 40 anos ou mais, estão exatamente em uma das faixas etárias em que se concentram pessoas negras com menos anos de estudo. Outro extremo é a faixa etária de 10 a 21 anos, em que se concentra a menor taxa de geração de empregos do período estudado (8,6%). Esse grupo, que representa a juventude – notadamente a juventude negra –, experimenta maior vulnerabilidade social.

Assim, as atuais exigências educacionais para a alocação de mão de obra no mercado de trabalho formal não apenas conformam-se como um instrumento para a seleção dos profissionais mais qualificados, mas também operam como um filtro de natureza racial, definindo os que preferencialmente serão alocados. Se não é possível demonstrar intencionalidade de exclusão racial nesse processo, é certo que, a despeito das intenções, é o que ele realiza. Essas são algumas das possíveis razões para o crescimento econômico não resultar, necessariamente, em redução das diferenças sociais e ter menor impacto sobre a diminuição da pobreza do que as políticas focadas no combate às desigualdades sociais, como vem sendo apontado por estudos realizados pelo Instituto de Pesquisas Econômicas Aplicadas (Ipea). Os efeitos imediatos da recuperação econômica, que se diz em curso, é a absorção no processo de desenvolvimento dos mais educados, postergando ou inviabilizando a inclusão dos historicamente excluídos.

Para reverter essa tendência, é preciso, em primeiro lugar, admitir o que a experiência empírica e os estudos sobre as desigualdades raciais reiteram: negros com as mesmas habilitações que os brancos são preteridos em processos de seleção e, quando igualmente empregados, ganham menos pelo exercício das mesmas funções. Disso decorre que uma política de contratação justa deveria levar em conta esse viés racial presente no processo de alocação e remuneração da mão de obra no mercado de trabalho brasileiro.

Em segundo lugar, são necessários incentivos que visem estimular a adoção de políticas de diversidade nas empresas que favoreçam a inclusão, a capacitação e a promoção escolar de trabalhadores negros. É uma iniciativa que há muito se espera do Ministério do Trabalho, sob pena de, ao deixar esse processo transcorrer livremente, segundo as "leis do mercado", reproduzir a exclusão racial tradicional nos processos seletivos.

O direito ao trabalho é condição fundamental para a reprodução das demais dimensões da vida social. Por isso é preciso instituir no âmbito do trabalho o mesmo reconhecimento social e político que as desigualdades raciais adquiriram no campo educacional, fato que desencadeou o processo de implementação de cotas raciais para afrodescendentes nas universidades. Tal reconhecimento deve traduzir-se em intervenção política para assegurar o princípio de igualdade entre desiguais e a realização da equidade no acesso ao trabalho.

Em terceiro lugar, é mister reconhecer que, se a exigência de 11 anos de estudo indicar uma tendência para conquistar uma vaga no mercado de trabalho, torna-se imperativa uma política pública agressiva para o acesso ao ensino médio e sua conclusão para os afrodescendentes.

Sem essas mudanças, as defasagens, sobretudo educacionais, que são percebidas entre negros e brancos, continuarão a se apresentar como fatores de perpetuação da subalternidade social dos negros, mantendo-os em um círculo vicioso em que a falta da escolaridade exigida torna-se motor da exclusão do emprego e a ausência do emprego é mais uma fonte de impedimento do acesso, da permanência e da conquista dos níveis superiores de escolaridade.

GÊNERO

GÊNERO

19
Construindo cumplicidades[51]

A cada novo 8 de março, Dia Internacional da Mulher, celebra-se o contínuo crescimento da presença feminina no mundo dos negócios, nas esferas de poder, em atividades secularmente privatizadas pelos homens, e, em geral, omite-se o fato de as negras não estarem experimentando a mesma diversificação de funções sociais que a luta das mulheres produziu.

De regra, considera-se satisfatório que, em um conjunto de aproximadamente metade da população feminina do país, apenas uma ou outra negra ocupe posição de importância. E, ademais, esses casos solitários são emblemas utilizados para desqualificar as denúncias de exclusão racial. O 8 de março deste ano encontra as mulheres negras brasileiras imersas em intensas atividades preparatórias à sua participação na Conferência Mundial contra o Racismo, a Discri-

....

51. Artigo publicado originalmente no *Correio Braziliense*, 9 mar. 2001.

minação Racial, a Xenofobia e Formas Correlatas de Intolerância, convocada pelas Nações Unidas, que ocorrerá na África do Sul, em setembro.

Elas estão esperançosas com os resultados da histórica Conferência Regional das Américas, preparatória da conferência mundial ocorrida no Chile, em dezembro de 2000. Organizadas na Articulação de Organizações de Mulheres Negras Brasileiras Rumo à III Conferência Mundial contra o Racismo, as mulheres negras brasileiras trabalharam ativamente para dar visibilidade ao racismo e à discriminação racial na Declaração e no Plano de Ação da Conferência Regional, documentos avalizados pelos Estados da região que reconhecem o racismo como fonte do colonialismo e da escravidão, a persistência dessas práticas discriminatórias, o caráter determinante que elas têm na pobreza e marginalização social dos afro-latino-americanos e, sobretudo, as múltiplas formas de opressão que a conjugação de racismo com sexismo produz nas mulheres afrodescendentes.

Apesar de ignorada pela imprensa brasileira, a Conferência Regional das Américas – em especial, o protagonismo dos afro-latino-americanos que dela participaram – foi enfatizada em uma matéria publicada pelo *New York Times* em que Barbara Crossette afirma que, "em Santiago, um forte *lobby* dos grupos afro-americanos deu nova visibilidade à discriminação racial na América Latina[52]". A atuação política da Articulação de Mulheres Negras nessa conferên-

....

52. CROSSETTE, Barbara. "Global look at racism hits many sore points". *The New York Times*, 4 mar. 2001.

Racismo, sexismo e desigualdade no Brasil

cia mereceu da alta comissária das Nações Unidas, Mary Robinson, o seguinte comentário: "As mulheres negras fizeram toda diferença". E isso é fruto da estratégia adotada: trabalho, informação, transparência e participação coletiva nas decisões.

Mas, como costuma dizer Jurema Werneck, uma das coordenadoras da Articulação de Mulheres Negras, nossos passos vêm de longe.

As mulheres negras assistiram, em diferentes momentos de sua militância, à temática específica da mulher negra ser secundarizada na suposta universalidade de gênero. Essa temática da mulher negra invariavelmente era tratada como subitem da questão geral da mulher, mesmo em um país em que as afrodescendentes compõem aproximadamente metade da população feminina. Ou seja, o movimento feminista brasileiro se recusava a reconhecer que há uma dimensão racial na temática de gênero que estabelece privilégios e desvantagens entre as mulheres. Isso se torna mais dramático no mercado de trabalho, no qual mulheres negras são preteridas (no acesso, em promoções e na ocupação de bons cargos) em função do eufemismo da "boa aparência", cujo significado prático é: preferem-se as brancas, melhor ainda se forem louras.

É a consciência desse grau de exclusão que determina o surgimento de organizações de mulheres negras de combate ao racismo e ao sexismo, tendo por base a capacitação de mulheres negras, assim como o estímulo à participação política, à visibilidade, à problemática específica das mulheres negras na sociedade brasileira, à formulação de propostas concretas de superação da inferioridade social gerada pela exclusão de gênero e raça, e à sensibilização do conjunto do movimento de mulheres para as desigualdades dentro do que o racismo e a discriminação racial produzem.

A crescente compreensão do impacto do binômio racismo/sexismo na produção de privilégios e exclusões vem produzindo maior solidariedade entre as mulheres. Importantes redes e articulações nacionais feministas do Brasil, como a Articulação de Mulheres Brasileiras (AMB) e a Rede Nacional Feminista de Saúde e Direitos Reprodutivos expressam cada vez mais vontade política para enfrentar um debate mais aprofundado sobre a questão racial, o que Guacira de Oliveira, coordenadora da AMB, observa que sempre faltou ao Movimento Feminista.

As feministas estão dispostas a contribuir para a radicalidade dessa construção para deslocar-se do lugar da hegemonia branca em prol de uma sociedade racialmente diversificada em todas as suas dimensões. A Rede e a AMB preparam importantes documentos sobre a mulher negra como contribuição do Movimento Feminista à Conferência contra o Racismo, na África do Sul. A deputada Esther Grossi, na Câmara Federal, e a deputada Lúcia Carvalho, na Câmara Legislativa do Distrito Federal, deram prioridade, nesse 8 de março, à temática da mulher negra. Cresce a cumplicidade entre as mulheres brasileiras.

20
"Aquelas negas"[53]

Creio que entre as coisas que mais impressionam os turistas brasileiros ao chegar a Havana estão as semelhanças étnicas e raciais do povo cubano com o brasileiro – negros, brancos e mestiços de vários cruzamentos – e as semelhanças geográficas daquele país com o nosso litoral.

Alguns recortes de praia provocavam em mim segundos de confusão mental: estou em Havana ou em Salvador?

Trata-se de um povo que, como nós, é aberto, hospitaleiro e, sobretudo, orgulhoso e bravo para enfrentar as dificuldades em que o país se encontra por tantos anos de embargo econômico.

A despeito dessas condições adversas e no que depende apenas deles mesmos, os cubanos conquistaram excelência em vários campos, em especial no esporte. E dessa forma

....

53. Artigo publicado originalmente no *Correio Braziliense*, 6 out. 2000.

conseguiram frustrar muitas expectativas de medalhas de ouro de outros países, como as dos brasileiros.

Então, no auge da euforia por ter derrotado a seleção de vôlei da Alemanha, a jogadora Virna, da seleção brasileira, disse às câmeras de televisão: "Agora vamos pegar as cubanas, aquelas negras, e vamos ganhar delas!" Sobre as cubanas, Virna disse também: "Como elas são tão fortes, é sempre um desafio para nós".

Torcedora e admiradora da trajetória da seleção feminina de vôlei, vibrei com elas na brilhante vitória sobre a seleção alemã, compartilhando a emoção que cada uma demonstrava e, acima de tudo, esperando pela fala de Virna, a minha atacante predileta desde Atlanta.

Mas depois de ouvir "aquelas negras" algo gelou dentro de mim. Conheço esse filme! Já ouvi muito "aquela nega" pela vida. Até tu, Virna?

A necessidade de adjetivar racialmente a seleção cubana ("aquelas negras") revela um componente adicional para Virna nessa disputa histórica entre as duas seleções. Até porque, ao término do jogo com a Alemanha, não lhe ocorreu dizer "Ganhamos das alemãs, aquelas branquelas". O que me deixaria no mesmo desconforto sendo eu negra ou branca.

Então começo a me perguntar: o que será que provoca mais ressentimento em Virna: ter sido derrotada (em Atlanta) por uma seleção que ela reconhece mais forte ou por "aquelas negras"? Ou será a combinação das duas coisas, negras e fortes?

Para alguns brancos (e outros que assim se supõem), parece só haver um jeito suportável de ser negro: aquele ligado ao fracasso, à vulnerabilidade, ao servilismo, à dependência e à inferioridade introjetada. Negros e negras fortes, altivos e vencedores parecem um insulto para esses brancos. Hitler nos mostrou isso diante de Jesse Owens.

Mas não há nada de novo no *front*. É só mais um "ato falho" que vemos ou sofremos todo o tempo nessa sociedade. Em todos os conflitos ou disputas entre brancos e negros, os adjetivos "crioulo", "nega safada", "macaco" etc. são usados para expressar o desprezo pela negritude e assim valorizar o oponente branco. A brancura funciona como um elemento que sempre desempataria em favor do branco. Você é juíza, mas... é negra. Você é... porém é negro!

Em geral, esses atos são minimizados pela opinião pública como uma frase infeliz, sem intenção discriminatória, de acordo com a nossa tradição de mascarar o racismo e o preconceito presentes na sociedade. Mais recentemente, diz-se que os negros brasileiros estão ficando muito melindrosos e vendo racismo em tudo. Afinal sempre toleraram sem problemas "essas brincadeiras" que, no máximo, podem ser consideradas de mau gosto, jamais racistas. Atribui-se também esse melindre à influência dos negros norte-americanos. Deve ser a globalização! Ou talvez seja simplesmente a consciência negra sobre as variadas manifestações de racismo que esteja aumentando no Brasil.

A linguística, por meio de sua Teoria dos Atos de Fala, vem decodificando os sentidos dessas frases supostamente inocentes, como entende o senso comum, e demonstrando as diversas ações que se realizam pela linguagem, dentre elas a produção e a reprodução de estereótipos. Analisa também os sentidos subjacentes em determinadas entonações ("aquelas negas") de palavras ou frases.

O racismo tem destinado aos negros as tarefas consideradas diletantes ou periféricas da sociedade. Uma delas é o esporte. Os negros, por sua vez, têm abraçado essas oportunidades com a garra e o desespero que as chances "únicas" produzem nos excluídos e discriminados. E esses poucos espaços se constituem em instâncias de afirmação de humanidade e de igualdade sistematicamente negadas pelo racismo. Por isso conhecemos Pelé, Mohamed Ali, Marion Jones, Jesse Owen, Waldemar Ferreira da Silva, Magic Johnson, João do Pulo, as irmãs Williams, Carl Lewis, Michael Jordan e tantos outros atletas negros.

A frase de Virna me deixou em um dilema. E agora? Vou torcer pelas "negas" de cá ou pelas "negas" de lá?

Antes que eu pudesse responder, "aquelas negas" cubanas confirmaram, como em Atlanta, sua superioridade diante da seleção brasileira feminina de vôlei diante do mundo: foram medalha de ouro nas Olimpíadas de Sidney. Tricampeãs mundiais!

A seleção feminina de vôlei do Brasil só perdeu para a seleção cubana.

Parabéns à Virna e a toda equipe. Graças a vocês, permanecemos entre as melhores do mundo nessa modalidade.

21
O matriarcado da miséria[54]

De 1º a 3 de setembro, reuniram-se na cidade do Rio de Janeiro 13 organizações de mulheres negras brasileiras para deliberar sobre a participação das mulheres negras na III Conferência Mundial contra o Racismo, Xenofobia e Formas Correlatas de Intolerância, realizada no final de agosto de 2001, na África do Sul. Dessa reunião nacional, organizada pelas ONGs Geledés Instituto da Mulher Negra, de São Paulo, Criola, do Rio de Janeiro, e Maria Mulher, do Rio Grande do Sul, resultou uma declaração pró-Conferência de Racismo que configura o matriarcado da miséria que caracteriza as condições de vida das mulheres negras no Brasil.

Nessa declaração constata-se que a conjugação do racismo com o sexismo produz sobre as mulheres negras uma espécie de asfixia social com desdobramentos negativos sobre todas as dimensões da vida, que se manifestam em sequelas emocionais com danos à saúde mental e rebaixa-

....

54. Artigo publicado originalmente no *Correio Braziliense*, 15 set. 2000.

mento da autoestima; em uma expectativa de vida menor, em cinco anos, em relação à das mulheres brancas; em um menor índice de casamentos; e sobretudo no confinamento nas ocupações de menor prestígio e remuneração.

No mercado de trabalho, o resultado concreto dessa exclusão se expressa no perfil da mão de obra feminina negra. Segundo dados divulgados pelo Ministério do Trabalho e pelo Ministério da Justiça na publicação *Brasil, gênero e raça*[55], "as mulheres negras ocupadas em atividades manuais perfazem um total de 79,4%". Destas, 51% estão alocadas no emprego doméstico e 28,4% são lavadeiras, passadeiras, cozinheiras, serventes.

De acordo com a declaração das Organizações de Mulheres Negras Brasileiras,

> o trabalho doméstico ainda é, desde a escravidão negra no Brasil, o lugar que a sociedade racista destinou como ocupação prioritária das mulheres negras. Nele, ainda são relativamente poucos os ganhos trabalhistas e as relações se caracterizam pelo servilismo. Em muitos lugares, as formas de recrutamento são predominantemente neoescravistas, em que meninas são trazidas do meio rural, sob encomenda, e submetidas a condições sub-humanas no espaço doméstico.[56]

......

55. BRASIL. MINISTÉRIO DO TRABALHO. *Brasil, gênero e raça*. Brasília: MTE, 2006. Disponível em: <http://www.mte.gov.br/discriminacao/ProgramaBrasiGeneroracatarde.pdf>. Acesso em: 03 fev. 2011.
56. ORGANIZAÇÕES DE MULHERES NEGRAS BRASILEIRAS. "Pró III Conferência Mundial da ONU contra o Racismo, Xenofobia e Formas Correlatas de Intolerância". Disponível em: <http://www.antroposmoderno.com/antro-articulo.php?id_articulo=314>. Acesso em: 03 fev. 2011.

Racismo, sexismo e desigualdade no Brasil

Em 1999, o Departamento Intersindical de Estatística e Estudos Socioeconômicos (Dieese), em parceria com o Instituto Sindical Interamericano pela Igualdade Racial (Inspir), realizou outro estudo amplamente divulgado, o "Mapa da população negra no mercado de trabalho", que oferece os seguintes dados: em Salvador, por exemplo, uma das cidades de maior concentração de população negra do Brasil, a taxa de desemprego da população economicamente ativa está assim distribuída: entre as mulheres negras é da ordem 27,6% contra 24,0% para os homens negros, 20,3% para as mulheres brancas e 15,2% para os homens brancos. Em São Paulo, as taxas de desemprego encontradas foram de 25% para as mulheres negras, 20,9% para os homens negros, 19,2% para as mulheres brancas e 13,8% para os homens brancos.

Quando empregadas, as mulheres negras ganham em média metade do que ganham as mulheres brancas e quatro vezes menos do que os homens brancos. As mesmas fontes governamentais já citadas demonstram o tamanho das desigualdades. O rendimento médio nacional entre negros e brancos em salários mínimos assim se distribui: o homem branco ganha 6,3 salários mínimos; a mulher branca, 3,6; o homem negro, 2,9; a mulher negra, 1,7.

As mulheres negras brasileiras compõem, em grande parte, o contingente de trabalhadores em postos de trabalho considerados pelos especialistas os mais vulneráveis do mercado, ou seja, os trabalhadores sem carteira assinada, os autônomos, os trabalhadores familiares e os empregados domésticos.

A Constituição de 1988, no Capítulo II, art. 7º, inciso XX, prevê a "proteção do mercado de trabalho da mulher, mediante incentivos específicos, nos termos da lei".

O artigo 32 da Declaração de Pequim declara a necessidade de "intensificar os esforços para garantir o desfrute em condições de igualdade de todos os direitos humanos e liberdades fundamentais a todas as mulheres e meninas que enfrentam múltiplas barreiras à expansão de seu papel e a seu avanço devido a fatores como raça, idade, origem étnica, cultural, religião...".

Em 20 de novembro de 1995, data do tricentenário da morte de Zumbi dos Palmares, os negros brasileiros realizaram em Brasília a Marcha Zumbi dos Palmares contra o Racismo pela Cidadania e pela Vida. O presidente Fernando Henrique Cardoso, ao receber da coordenação executiva da marcha o documento com as reivindicações da população negra para a promoção da igualdade racial, afirmou que o ápice da exclusão social no Brasil poderia ser retratado por uma mulher negra, chefe de família das regiões do Norte ou Nordeste do país.

A expressão "matriarcado da miséria" foi cunhada pelo poeta negro e nordestino Arnaldo Xavier para mostrar como as mulheres negras brasileiras tiveram sua experiência histórica marcada pela exclusão, pela discriminação e pela rejeição social, e revelar, a despeito dessas condições, o seu papel de resistência e liderança em suas comunidades miseráveis em todo o país.

Os indicadores sociais disponíveis continuam ratificando a fala do ex-presidente, e essas mulheres estão ainda esperando que medidas concretas sejam implementadas para reverter esse matriarcado da miséria.

22
Biopoder[57]

A descriminalização do aborto, uma bandeira histórica do movimento feminista nacional, encontrou nova e perversa tradução de política pública na voz do governador do estado do Rio de Janeiro, Sérgio Cabral. O governador defende a legalização do aborto como forma de prevenção e contenção da violência, por considerar que a fertilidade das mulheres das favelas cariocas as torna "fábricas de produzir marginais".

Uma reivindicação histórica dos movimentos de efetivação dos direitos reprodutivos das mulheres e de reconhecimento do aborto como questão de saúde pública sobre a qual o Estado não pode se omitir é pervertida em proposta de política pública eivada de ideologia eugenista destinada à interrupção do nascimento de seres humanos considerados potenciais marginais. No lugar do respeito ao direito das mulheres de decidir sobre a própria concepção, coloca-se

....

57. Artigo publicado originalmente no *Correio Braziliense*, 30 out. 2007.

como diferença radical de perspectiva a indução ao aborto, pelo Estado, como "linha auxiliar" no combate à violência.

São teses que aparecem com recorrência no debate público e, embora com nuanças, mantêm o mesmo sentido. Uma das mais célebres foi dada anteriormente em 1982, no governo de Paulo Maluf, em São Paulo, no qual o Grupo de Assessoria e Participação do Governo do Estado (GAP) elaborou o documento "Sobre o Censo Demográfico de 1980 e suas curiosidades e preocupações". Nele, é apresentada a proposta de esterilização massiva de mulheres pretas e pardas com base nos seguintes argumentos:

> De 1970 a 1980, a população branca reduziu-se de 61% para 55% e a população parda aumentou de 29% para 38%. Enquanto a população branca praticamente já se conscientizou da necessidade de controlar a natalidade [...], a população negra e parda eleva seus índices de expansão, em dez anos, de 28% para 38%. Assim, teremos 65 milhões de brancos, 45 milhões de pardos e 1 milhão de negros. A se manter essa tendência, no ano 2000 a população parda e negra será da ordem de 60%, por conseguinte muito superior à branca; e, eleitoralmente, poderá mandar na política brasileira e dominar todos os postos-chave – a não ser que façamos como em Washington, capital dos Estados Unidos, onde, devido ao fato de a população negra ser da ordem de 63%, não há eleições[58].

....

58. Denúncia feita na Assembleia Legislativa de São Paulo pelo deputado Luis Carlos Santos, do PMDB, em 05 ago. 1982. Veja também matérias nos jornais: *Jornal da Tarde*, de 6 e 11 ago. 82; *O Estado de S.Paulo*, de 5 e 10 ago. 82; *Folha de S.Paulo*, de 11 ago. 1982.

O documento se tornou público graças à denúncia feita na Assembleia Legislativa de São Paulo pelo então deputado Luis Carlos Santos (PMDB-SP), em 5 de agosto de 1982. Trouxe à luz essa concepção de instrumentalização da esterilização como política de controle de natalidade dos negros denunciada internacionalmente pelo Relator Especial sobre Racismo da ONU, após sua visita ao Brasil, em 1995.

Se o governador Sérgio Cabral ocupou-se em explicitar que as mulheres das favelas devem ser objeto de uma política eficaz de controle da natalidade por meio da facilitação do aborto pelo Estado, o seu secretário de Segurança Pública, José Mariano Beltrame, tratou de estabelecer a diferença do valor de cada vida humana no Rio de Janeiro, o que provavelmente determina nessa lógica nefasta quem pode viver e quem deve morrer, ou quem nem mesmo deve chegar a viver. Em comentário sobre o fato de que os traficantes das favelas das zonas Oeste e Norte do Rio estariam se deslocando para as favelas da zona Sul como reação às ações que vêm sendo realizadas pela polícia naquelas áreas, o secretário vê, nesse deslocamento dos traficantes, dificuldade adicional para o seu combate. Segundo ele,

é difícil a polícia ali entrar, porque um tiro em Copacabana é uma coisa. Um tiro na [favela da] Coreia, no complexo do Alemão [nas zonas Oeste e Norte, respectivamente], é outra [...]. Uma ação policial em Copacabana tem repercussão muito grande, porque as favelas e os comandos estão a metros das janelas da classe média[59].

59. *Folha de S.Paulo* – Cotidiano, 24 out. 2007. Disponível em http://www1.folha.uol.com.br/folha/cotidiano/ult95u339328.shtml. Acesso em: 04 fev. 2011.

Ora, se nas zonas Oeste e Norte as favelas e os "comandos" estão em janelas diante umas das outras, ou lado a lado, isso pode significar que são parte de um mesmo todo, e o favelado civil e o traficante seriam indistinguíveis para efeito da repressão e violência policial. Tanto bandidos como policiais sabem que o civil favelado – nem policial nem traficante – vale nada! Pode ser abatido como mosca por ambos os lados. Ir para a zona Sul como estratégia de sobrevivência ou redução da letalidade dos confrontos entre bandidos e policiais é uma prerrogativa que apenas o bandido tem. O favelado civil, ao contrário, não tem para onde ir, está condenado a ser o "efeito colateral" dessa guerra insana.

Michel Foucault[60] demonstrou que o direito de "fazer viver e deixar morrer" é uma das dimensões do poder de soberania dos Estados modernos e que esse direito de vida e de morte "só se exerce de uma forma desequilibrada, e sempre do lado da morte". É esse poder que permite à sociedade livrar-se de seus seres indesejáveis. Essa estratégia Michel Foucault nomeou de biopoder, que permite ao Estado decidir quem deve morrer e quem deve viver. E o racismo seria, de acordo com Foucault, um elemento essencial para fazer essa escolha. É essa política de extermínio que cada vez mais se instala no Brasil, pelo Estado, com a conivência de grande parte da sociedade.

....

60. FOUCAULT, Michel. *Em defesa da sociedade*. São Paulo: Martins Fontes, 2002.

CONSCIÊNCIA NEGRA GLOBAL

23
Pós-Durban[61]

O Alto Comissionado das Nações Unidas para os Direitos Humanos realizou entre 1º e 3 de julho de 2002, na cidade do México, o I Seminário Regional de Especialistas para a América Latina e Caribe sobre o Cumprimento do Programa de Ação Adotado em Durban, resultante da III Conferência Mundial contra o Racismo, a Discriminação Racial, a Xenofobia e Formas Correlatas de Intolerância.

O seminário se deteve no aprofundamento e na formulação de recomendações aos Estados da região sobre oito temas para o cumprimento das disposições estipuladas por aquela conferência relativas aos grupos específicos de vítimas de racismo e discriminação. Os temas tratados foram: planos nacionais para combater o racismo; administração da Justiça; capacitação e educação em direitos humanos; saúde e aids; emprego; políticas específicas para mulheres

....

61. Artigo publicado originalmente no *Correio Braziliense*, 12 jul. 2002.

dos grupos vulneráveis e o papel das instituições internacionais financeiras e de desenvolvimento no combate ao racismo e à discriminação.

Dentre as recomendações e conclusões do seminário[62], reiterou-se a necessidade de implementação dos Planos Nacionais de Combate ao Racismo e à Discriminação Racial que "contenham políticas públicas em favor dos grupos vulneráveis", entre eles os afrodescendentes, e que, "de maneira especial, se levará em conta a perspectiva de gênero, que em muitas ocasiões produz discriminações múltiplas".

Recomenda, ainda,

integrar a Plataforma de Durban, suas pautas e aspirações nas metas de desenvolvimento e eliminação da pobreza acordadas pela comunidade internacional nos objetivos do milênio. Os grupos-metas devem ser sujeitos de especial atenção na superação do déficit educativo, na melhoria da qualidade da educação; na diminuição dos níveis de incidência da aids, particularmente nas populações afrodescendentes, e no aumento na participação dos grupos excluídos em seu acesso a fontes de emprego.

Durante a década de 1990 foram definidas sete metas sobre diferentes aspectos inter-relacionados à pobreza que ajudam a atingir os objetivos do milênio até 2015. São elas:

....

62. A íntegra do relatório do Seminário Regional de Especialistas para a América Latina e Caribe sobre o Cumprimento do Programa de Ação Adotado em Durban encontra-se disponível em espanhol em: http://www.unhchr.ch/Huridocda/Huridoca.nsf/0/7eae3799021066c4c1256c9 8003848f7/$FILE/G0215324.pdf. Acesso em: 03 fev. 2011.

Racismo, sexismo e desigualdade no Brasil

- Redução da proporção de pessoas vivendo em extrema pobreza em 50%.
- Educação primária universal.
- Eliminação de disparidades de gênero na educação (2005).
- Redução da mortalidade infantil e da mortalidade das crianças menores de 5 anos em 75%.
- Redução da mortalidade materna.
- Acesso universal a serviços de saúde reprodutiva.
- Implementação de estratégias nacionais para o desenvolvimento sustentado até 2005, de forma a reverter as perdas de recursos ambientais até 2015.

A Plataforma de Durban estabelece uma oitava meta, referente à redução ou à eliminação das defasagens raciais e étnicas antes de 2015, articulando as sete metas anteriores em relação aos grupos discriminados.

O seminário solicita também ao Conselho Permanente da Organização dos Estados Americanos (OEA) a criação da Convenção Interamericana contra a Discriminação Racial, sugerindo que "as agências das Nações Unidas e as organizações multilaterais de desenvolvimento devem incorporar em seus relatórios anuais os progressos realizados no alcance dos objetivos do milênio e de seguimento da Conferência de Durban em relação aos grupos-metas".

A realização desse seminário regional ratifica mais uma vez o compromisso do Alto Comissionado das Nações Unidas para os Direitos Humanos com a proteção dos grupos discriminados e com as metas de superação das desigualdades raciais produzidas pelo racismo e pela discriminação na América Latina e no Caribe. É também uma convocação aos

Estados da região a impulsionar decisivamente as medidas decorrentes da Plataforma de Durban.

Espera-se no Brasil o posicionamento de nossos presidenciáveis, no contexto de suas campanhas eleitorais e de seus programas de governo, em relação a essa agenda, posto que o cumprimento da Plataforma de Durban é um compromisso assumido pelo Estado brasileiro com a comunidade internacional e com a população afrodescendente do país.

24

Brasil, Estados Unidos
e África do Sul[63]

Aconteceu de 29 de maio a 1º de junho deste ano, na Cidade do Cabo, África do Sul, o lançamento do relatório "Para além do racismo: abraçando um futuro interdependente", que contou em sua abertura com a presença de Nelson Mandela.

Esse relatório é uma das várias publicações produzidas pela Iniciativa Comparada de Relações Humanas, um projeto da Southern Education Foundation – sob a coordenação da dra. Lynn Huntley – que consistiu em um estudo comparativo que, durante quatro anos, investigou as relações raciais no Brasil, nos Estados Unidos e na África do Sul. O projeto foi desenvolvido em parceria com instituições brasileiras e sul-africanas e enlaçou nessa tarefa pesquisadores, ativistas, personalidades, políticos e membros de governo, negros e brancos dos três países.

....

63. Artigo publicado originalmente no *Correio Braziliense*, 21 jul. 2000.

A iniciativa partiu das seguintes constatações a respeito do Brasil, dos Estados Unidos e da África do Sul de que todos possuem governo democrático; todos são poderosos regionalmente e em termos globais, e possuem recursos humanos e financeiros significativos; todos têm população diversa racial, étnica e culturalmente; em todos pessoas de descendência africana foram objeto de escravidão ou segregação por meio da lei e carecem de reconhecimento de direitos iguais; em todos, parte desproporcional dos pobres são pessoas de descendência africana ou não brancos; em todos há problemas de relações intergrupo, que assumem variedade de formas em cada um deles; todos enfrentam o desafio contemporâneo de tentar promover melhores relações intergrupo e desenvolver estratégias e políticas que possam alocar oportunidades para todos de maneira mais justa e com mais credibilidade.

O projeto propiciou o aprofundamento e a análise crítica dos processos políticos de encaminhamento da questão racial nesses países: o movimento de direitos civis nos Estados Unidos; a luta contra o *apartheid* na África do Sul; a desmistificação da democracia racial brasileira. Avaliou o impacto do processo de globalização sobre as populações negras dos três países e a dimensão racial das novas contradições colocadas pela atual ordem econômica: feminização da pobreza, ampliação dos níveis de exclusão social; desemprego estrutural; flexibilização do mercado de trabalho; diminuição da rede de proteção social; xenofobia, entre outros problemas. Examinou os diferentes estágios em que o combate ao racismo se encontra nos três países e as prioridades políticas colocadas para cada um deles.

Os afro-brasileiros têm o desafio de conquistar políticas públicas que possam promover relações raciais igualitárias e reverter as desigualdades historicamente acumuladas; os afro-americanos que atingiram o maior grau de desenvolvimento entre os negros da diáspora africana defrontam-se com a necessidade de enfrentar os limites das conquistas obtidas pelo movimento de direitos civis; os negros sul-africanos que derrotaram o *apartheid* e conquistaram o poder político de seu país têm a missão de superar a desigualdade racial produzida pelo brutal regime sul-africano.

Esse estudo concentrou-se também em determinar as condições necessárias para a criação de um círculo virtuoso de mudança em contraposição ao círculo vicioso estabelecido pelas hierarquias de poder com base em raça, gênero, cor e aparência, fixando como premissas básicas para a criação de uma sociedade para além do racismo: garantias legais de igualdade e medidas efetivas para eliminar a discriminação; promoção de oportunidades educacionais, econômicas, empresariais, de emprego e treinamento; participação política; solidariedade dos meios de comunicação para a eliminação de estereótipos; defesa intransigente dos direitos humanos; utilização da força das artes para atingir corações e mentes.

Por fim, a iniciativa diagnosticou as "tendências globais que estão atuando na moldagem do futuro [...] no qual normas de inclusão e interdependência serão necessidades econômicas e práticas".

Com objetivos semelhantes, está em visita a várias capitais do Brasil, para encontros com órgãos governamentais e organizações da sociedade civil, a advogada internacional Gay McDougall, diretora executiva do International Human Rights Law Group e membro do Comitê para a Eliminação da Discriminação Racial das Nações Unidas, uma das figuras mais significativas da Conferência de Racismo convocada pela ONU para o próximo ano na África do Sul. Esses eventos indicam que, enfim, o problema racial brasileiro entrou na agenda internacional.

A primeira lembrança que tenho de Gay McDougall, essa extraordinária mulher negra defensora dos direitos humanos, internacionalmente respeitada, é de sua expressão de júbilo ao acompanhar Nelson Mandela no momento de seu primeiro voto, nas primeiras eleições gerais da África do Sul, resultado de um processo de luta e negociação pela derrubada do *apartheid*, no qual ela, entre muitos, teve significativa participação. Que a visita de McDougall a nosso país seja o prenúncio de novos e melhores tempos para os negros brasileiros.

25

Hoch lebe Zumbi
dos Palmares[64]

Não, caro leitor, não é o samba da crioula doida, não. O título acima significa "Viva Zumbi dos Palmares" em alemão.

No ano passado escrevi nesta coluna que Zumbi cada vez mais se espraiava, ganhando o mundo e o reconhecimento que por muito tempo a história oficial lhe negou no Brasil. Ei-lo agora em Berlim, provocando mais uma jornada cultural dos afro-brasileiros aqui residentes.

Como em Palmares, e como também é de sua natureza e de sua história, eis Zumbi juntando comunidades, facilitando diálogos entre afro-brasileiros, afro-alemães, judeus, turcos, africanos, todos empenhados em construir pontes que permitam um agir em concerto na luta antirracista.

Sob a coordenação de Wagner Carvalho, um dos mais ativos agentes culturais afro-brasileiros aqui residentes, e com o apoio da Werkstatt der Kulturen (Oficina das Culturas) do

....

64. Artigo publicado originalmente no *Correio Braziliense*, 22 nov. 2002.

Senado de Berlim e da Fundação Heinrich-Böll, realiza-se nesse momento o Blequitude Berlin – programa de informação e diálogo em homenagem a Zumbi dos Palmares, uma semana de discussões e troca de experiências sobre o trabalho antirracista no Brasil e na Alemanha.

O tema do racismo é objeto de permanente debate por aqui. Está na mídia, nas ruas, nas universidades, em peças de teatro para adolescentes. As múltiplas vozes se fazem presentes, e a luta antirracista parece parte integrante da agenda política das forças progressistas da sociedade. O que faz toda a diferença em relação ao processo brasileiro.

A comunidade turca, a maior entre as minorias da sociedade alemã, por meio da Confederação Turca em Berlim-Brandenburgo (Türkischer Bund Berlin Brandenburg), luta contra o racismo e a hostilidade a estrangeiros e pela igualdade de direitos em relação aos alemães, pois grande parte deles é nascida em solo alemão e se autodenomina turco-alemão ou alemão-turco.

Informa-nos Kenan Kolat, o seu secretário-geral, que o problema do racismo apresenta três características básicas: a que advém das diferenças nos direitos de cidadania, sobretudo para imigrantes; a violência racial física ou verbal; e as manifestações de racismo latente, que se traduzem no acesso desigual às oportunidades sociais, especialmente no mercado de trabalho. Como se vê, nesse caso, o Brasil apresenta padrões de primeiro mundo, o que me faz sentir em casa por aqui.

Na comunidade judaica, nos informa seu representante, Moshe Waks, são discutidas formas de lidar com o antissemitismo dos últimos tempos. Mas há confiança na disposição do Estado alemão em não permitir o retorno do antisse-

Racismo, sexismo e desigualdade no Brasil

mitismo como política oficial do Estado alemão; por isso, o fato de, apesar do latente sentimento antissemita, a experiência democrática dos últimos 50 anos da sociedade alemã mostrar-se capaz de isolar politicamente essa tendência é celebrado: um político importante do Partido Liberal tentou capitalizar politicamente o antissemitismo. Consequentemente, seu partido não foi bem-sucedido eleitoralmente e não ultrapassou 7% dos votos nas últimas eleições, quando esperava alcançar cerca de 18%.

Os refugiados lutam por direitos específicos que facilitem a integração, o direito de ir e vir, o acesso ao trabalho e ao aprendizado da língua alemã. Mulheres negras africanas e afrodescendentes lutam para sair do isolamento político e alcançar reconhecimento de sua condição específica. Afro-alemães recusam ao mesmo tempo cidadania de segunda classe que têm em relação ao alemão branco e o *status* superior de que desfrutam em comparação com outros afrodescendentes por serem cidadãos alemães.

Há um exercício permanente e vibrante de ação antirracista no contexto de uma conjuntura econômica adversa, que alimenta sentimentos latentes de intolerância racial, étnica e religiosa, aos quais o Estado procura responder com campanhas educativas de combate ao racismo, evitando a impunidade dos crimes raciais e reparando as condutas discriminatórias.

Entre as recentes conquistas das comunidades destaca-se a legislação que reconhece a Alemanha como um país de imigração, fato que tem por consequência a aceitação e o reconhecimento de todos esses grupos étnicos como pertencentes à nação alemã. A lei que vai definir isso está em tramitação. Outro passo importante rumo à integração desses grupos é a atribuição da cidadania alemã a todas as crianças nascidas em solo alemão a partir de 1º de janeiro de 2000.

É sem dúvida um processo difícil e cheio de contradições, cujo mérito fundamental é o fato de ninguém fugir ou negar a existência do problema e, mesmo que penosamente, buscar maneiras de equacioná-lo. Nesse ponto ainda temos muito que avançar no Brasil.

26
Genebra[65]

"As vítimas do racismo, da discriminação racial, da xenofobia e das formas conexas de intolerância esperam que as decisões que adotem os Estados produzam mudanças reais em seus destinos."

São palavras da alta comissária para os Direitos Humanos, Mary Robinson, em 21 de maio de 2001, nas Nações Unidas em Genebra, em discurso de abertura da segunda sessão do Comitê Preparatório da III Conferência Mundial contra o Racismo, a Discriminação Racial, a Xenofobia e Formas Correlatas de Intolerância (PrepCon), que ocorrerá em Durban, África do Sul, em setembro deste ano.

O objetivo desse segundo PrepCon era produzir e aprovar a proposta de Declaração e o Plano de Ação em Durban, tendo por base os documentos elaborados na primeira reunião do Comitê Preparatório e os insumos das conferências

....

65. Artigo publicado originalmente no *Correio Braziliense*, 8 jun. 2001.

regionais preparatórias da Conferência Mundial, ocorridas nas Américas, na Ásia, na Europa e na África.

Doze dias após a abertura dos trabalhos, a lentidão, as múltiplas formas de emperramento, a ausência de vontade política para buscar consensos sobre os pontos em debate evidenciavam uma ação deliberada dos Estados mais poderosos para fazer naufragar a conferência.

O que está em jogo? Há certo consenso de que a convocação dessa conferência atendia em especial às necessidades de equacionamento de problemas decorrentes da xenofobia, da imigração e de conflitos étnicos presentes, particularmente no continente europeu.

No entanto, as conferências regionais, em particular a das Américas, da África e da Ásia, fizeram emergir com força novos atores políticos com diferentes demandas que colocam, sobretudo para os países ricos do Primeiro Mundo, uma extensa fatura, resultado de dívidas históricas que não lhes interessa reconhecer.

Confluem para essa conferência os excluídos de todos os matizes: africanos e afrodescendentes das Américas e da Europa, que exigem o reconhecimento do tráfico transatlântico como crime de lesa-humanidade, do que decorre a exigência de reparações aos países africanos espoliados pelo tráfico e aos descendentes de africanos da diáspora. Indígenas reivindicam, entre outros temas, o direito à autodeterminação de seus territórios. Mulheres afrodescendentes e de outros grupos étnicos buscam introduzir nos documentos a intersecção de gênero e raça como potencializadora das formas de exclusão produzidas pelo racismo, pela discriminação e pela intolerância sobre as mulheres, do que decorre a urgência de políticas corretivas. E a Ásia, de quebra, introduz a questão palestina.

Racismo, sexismo e desigualdade no Brasil

A complexidade das questões debatidas nessa conferência, a resistência dos Estados para fazer avançar a sua agenda e a dificuldade de obter consensos põem em evidência a magnitude de problemas que o racismo, a discriminação racial, a xenofobia e a intolerância colocam para o mundo.

Tratados como temas periféricos em muitas nações, como no Brasil, o cenário de Genebra revela que em esfera global ou local essas questões estão no âmago da maioria dos desafios do mundo contemporâneo, em especial no que concerne à realização da inclusão social, da democracia e do princípio da igualdade entre os seres humanos.

As resistências mencionadas para fazer avançar a agenda determinaram a necessidade de realização de terceira PrepCon, que ocorrerá de 30 de julho a 10 de agosto, também em Genebra. Essa decisão compromete, talvez intencionalmente, a capacidade de ampla participação da sociedade civil para pressionar as delegações oficiais pela inclusão dos seus temas em função da escassez de recursos disponíveis para essa nova e não prevista jornada.

Mas, apesar de tudo, há muito também o que festejar no retorno do segundo PrepCon. São conquistas importantes, em especial para os afrodescendentes das Américas, que saíram de seus países com a missão de assegurar as conquistas e o reconhecimento alcançados na Conferência das Américas, ocorrida em dezembro último, em Santiago do Chile, e lograram ter no Grupo dos Países Latino-americanos e Caribenhos (Grulac), do qual o Brasil é membro e um dos líderes, um empenhado defensor porta-voz das proposições de afrodescendentes e indígenas que entraram em consenso em Santiago. Pode-se destacar também a consolidação, dentro da diplomacia brasileira, da compreensão da justeza dessa causa e o porquê de ela ser defendida em ação conjunta com a sociedade civil brasileira. E, sobretudo, a articulação em escala global dos africanos e afrodescendentes das Américas e da Europa que, em três reuniões históricas, de reencontro desses povos, acordaram os seguintes pontos a serem defendidos em Durban e pós-Durban: a condenação do tráfico transatlântico como crime de lesa-humanidade; a adoção de medidas de reparação aos povos africanos e afrodescendentes; o reconhecimento das bases econômicas do racismo; a adoção de políticas corretivas por parte dos Estados nacionais; a escolha de políticas de desenvolvimento para comunidades ancestrais; a adoção de políticas específicas para mulheres africanas e afrodescendentes; a adoção de medidas de combate aos nexos entre racismo e pobreza; a adoção de mecanismos contra o racismo no sistema penal e a reforma dos sistemas legais; a adoção de medidas contra a discriminação e múltiplas formas de opressão por orientação sexual, raça, cor e origem nacional, e de medidas contra o racismo ambiental[66].

Uma plataforma de luta para a organização política de africanos e afrodescendentes em escala mundial é um bom começo de milênio.

---

66. O conceito de racismo ambiental refere-se a qualquer política, prática ou diretiva que afete ou prejudique, de formas diferentes, voluntária ou involuntariamente, pessoas, grupos ou comunidades por motivos de raça ou cor. Fonte: Portal AmbienteBrasil (www.ambientebrasil.com.br).

27
Os retornados[67]

Primeiro chegou a cruz. Em seu nome os teólogos do século XVI justificaram a escravidão sob o argumento de que o africano era um homem que não tinha religião, mas superstições; não tinha língua, mas dialeto; não tinha arte, mas folclore.

Depois veio a ciência. A construção das noções de inferioridade e de superioridade dos povos, com ápice no racialismo do século XIX, constituiu-se em um longo acúmulo teórico de diferentes disciplinas, em especial as ciências naturais no que concernem à classificação e à diferenciação dos homens, em regra com base nos conhecimentos da botânica e da biologia, transportados para a espécie humana.

O que estava em questão eram as necessidades de classificar, compreender, identificar, catalogar a diversidade humana, a alteridade, ou seja, o outro. À inquietude em rela-

---

67. Artigo publicado originalmente no *Correio Braziliense*, 31 ago. 2001.

ção à diversidade da natureza corresponderá a inquietude em relação à diversidade humana.

Os que aqui chegaram presos a grilhões, após uma viagem sinistra, na qual o pior dos males foi sobreviver, perderam a humanidade e foram reduzidos à condição de instrumento de trabalho de outros seres, autodefinidos como superiores, que agora retornam. Eles vêm de todos os estados do Brasil, compondo uma representação simbólica de todas as etnias africanas aqui desembarcadas. Após quase quinhentos anos retornam como sobreviventes das trevas em que foram mergulhados pelo pesadelo colonial. Retornam como credores de uma dívida histórica que a história contada pelo agressor procurou fazer caducar. Retornam, de escravos a portadores de uma missão civilizatória, pelo que carregam, inscritos em suas almas e corpos, da barbárie que o simulacro de civilização foi capaz de praticar. Os condenados da terra retornam à terra-mãe. Durban, neste momento, é porta de entrada de um reencontro coletivo esperado há cinco séculos. Na África do Sul está o símbolo da luta e opressão de todos os africanos e afrodescendentes.

Emoção, lágrimas, nostalgia do não vivido, transe de um *ethos* africano persistentemente incrustado nesses seres colonizados. São como crianças que há muito tempo foram arrancadas do seio de suas mães, mas permaneceram sonhando com sua imagem, mesmo cada vez mais difusa; sentindo o seu cheiro e ouvindo ecoar dentro de si algo clamando por sua presença.

Nesse imaginário de desterrados, a busca incessante do elo perdido entre um mítico ser africano guardado, em cada um, ao longo desses séculos, e um não ser instituído pela escravidão, pelo racismo e pela discriminação. Dessa ago-

Racismo, sexismo e desigualdade no Brasil

nia emergem esses combatentes, homens e mulheres credores dessa dívida histórica, que exigem o reconhecimento de sua humanidade lesada e as reparações que lhes são devidas e a seus ancestrais. Durban transformou-se no desaguadouro das demandas e aspirações das vítimas do racismo de ontem e de hoje.

Na abertura do fórum de ONGs que precede a III Conferência Mundial contra o Racismo, duas mulheres se destacam: a alta comissária das Nações Unidas e uma integrante do Comitê Organizador do Fórum de ONGs. Uma branca e uma negra que têm em comum, além do fato de serem mulheres, o pertencimento àquela parte da humanidade que abjura todas as formas de violação dos direitos humanos. Em sua saudação aos delegados das ONGs, a alta comissária afirmou: "Algo começa em Durban. Tem sido um longo caminho para um novo começo [...] para corrigir os erros dos séculos anteriores".

A africana integrante do Comitê Organizador, por sua vez, declarou: "Esta conferência nos traz uma enorme esperança e uma forte crença na capacidade de a espécie humana reconstruir e reconciliar as omissões do passado, já que a única coisa que o racismo e a intolerância geraram ao longo da história foram destruição, genocídio e sofrimento".

Por fim, falou o presidente da África do Sul. O jornal *Sem Colchetes*, a voz da América Latina e do Caribe em Durban, assim descreveu a emoção que cercou o contexto de sua fala:

Thabo Mbeki, presidente da África do Sul, dirige a palavra ao mundo. Em torno de si permanecem sentados os homens e as mulheres, ornamentados com seus trajes tradicionais, que protagonizaram minutos antes um espetáculo no qual fluíram a cultura e a história de seu povo. É a voz de um continente humilhado e ofendido, mas pleno de dignidade e esperança, e também a voz dos discriminados do mundo que fala por sua boca neste histórico 27 de agosto de 2001, em que se inicia o Fórum de ONGs que precede a III Conferência Mundial contra o Racismo.

Os retornados do Brasil apresentam as suas credenciais de afrodescendentes ao líder sul-africano, tendo como porta-voz seu representante mais legítimo, Abdias Nascimento, força e honra de nossa gente.

IGUALDADE
RACIAL

28
Um Brasil para todos[68]

O *Plano plurianual 2004-2007* elaborado pelo governo coloca em suas primeiras linhas que tal plano

está sendo construído para mudar o Brasil. Vai inaugurar um modelo de desenvolvimento a longo prazo, para muito além de 2007, destinado a promover profundas transformações estruturais na sociedade brasileira. [...] É uma peça-chave do planejamento social e econômico do governo do presidente Luiz Inácio Lula da Silva.[69]

....

68. Artigo publicado originalmente no *Correio Braziliense*, 6 jun. 2003.
69. BRASIL. MINISTÉRIO DO PLANEJAMENTO, ORÇAMENTO E GESTÃO/ SECRETARIA DE PLANEJAMENTO E INVESTIMENTOS ESTRATÉGICOS. *Plano plurianual 2004-2007*. Brasília: MP, 2003. Disponível em: <http://www.sigplan.gov.br/arquivos/portalppa/41_%28menspresanexo%29.pdf>. Acesso em: 23 fev. 2011.

Apesar da intenção inovadora, os elementos de resistência chamam a atenção. O primeiro diz respeito à invisibilidade de gênero e raça na concepção das políticas sociais desse PPA, embora essas variáveis apresentem-se de forma inequívoca nos diagnósticos sobre as desigualdades sociais no Brasil. O ministro José Graziano diz com frequência que de dez pessoas famintas no Brasil oito são negras.

Antes dele já dizia o ex-ministro da Educação Paulo Renato que "pobreza tem cor no Brasil, e é negra". Fernando Henrique Cardoso, por sua vez, dizia que o ápice da exclusão social no Brasil estava representado em uma mulher negra, chefe de família, trabalhadora rural das regiões Norte ou Nordeste do país. Na mesma direção, diferentes diagnósticos socioeconômicos apontam o fenômeno da crescente feminização da pobreza.

De acordo com o documento "Desenvolvimento com justiça social: esboço de uma agenda integrada para o Brasil"[70],

> os indicadores sociais da desigualdade racial são contundentes e estáveis. Nesse sentido, impõe-se a iniciativa política de levantar o manto do silêncio em torno da falsa democracia racial brasileira e expor o debate franco acerca do racismo e suas implicações socioeconômicas. [...] Esses pobres e miseráveis são, sobretudo, crianças e negros. São os que continuam, em grande parte, invisíveis aos olhos dos formuladores e dos gestores das políticas sociais. São os que precisam se tornar o foco das políti-

....

70. Instituto de Estudos do Trabalho e Sociedade. "Desenvolvimento com justiça social: esboço de uma agenda integrada para o Brasil". Rio de Janeiro: Iets, 2001.

Racismo, sexismo e desigualdade no Brasil

cas sociais. [...] São esses, portanto, os pobres invisíveis que precisam ser trazidos à luz e impostos à consciência moral da nação. São o coração do projeto de desenvolvimento [...].

Assim posto, um Brasil para todos que aspira a profundas transformações estruturais tem de romper, em seu planejamento estratégico, com os eufemismos ou silêncios que historicamente vêm mascarando as desigualdades raciais e consequentemente postergando o seu enfrentamento. A absoluta maioria dos excluídos tem cor e sexo, e a política social tem de expressar essas dimensões.

Outra questão é que, embora a proposta do PPA seja abrangente e ambiciosa em seus objetivos, é econômica em relação aos resultados ou metas a serem alcançadas. Segundo o documento do Iets já citado,

a definição de metas é absolutamente central para orientar as ações públicas e estabelecer critérios para o controle social [...]. As metas devem referir-se, de forma integrada, tanto a indicadores sintéticos, como o Índice de Desenvolvimento Humano (IDH) ou o Índice de Condições de Vida (ICV), como a indicadores específicos desagregados (por exemplo, taxa de mortalidade, taxa de analfabetismo, defasagem série-idade na escola, oferta de serviços públicos e acesso a eles, probabilidade de morte por violência etc.).

Nesse sentido, a proposta do PPA é também silenciosa ante os compromissos já assumidos pelo Estado brasileiro com as metas internacionais de desenvolvimento acordadas nas Conferências da ONU da década de 1990, que estabelecem um marco temporal de até 2015 para que sejam alcançadas (veja as metas no artigo 28. "Pós-Durban").

Não custa relembrar que a Conferência contra o Racismo ocorrida em Durban estabeleceu uma nova meta, referente à redução ou eliminação das defasagens raciais e étnicas antes de 2015.

O governo brasileiro vem envidando todos os esforços para assegurar a confiança internacional nos compromissos relativos à esfera macroeconômica. Espera-se dele o mesmo empenho pelos compromissos sociais e de desenvolvimento humano acordados internacionalmente. Para isso, basta incluí-los entre os objetivos e metas desse PPA.

29
Pela igualdade racial[71]

Notícias auspiciosas dão conta de que o novo governo, distanciando-se do rolo compressor articulado na sociedade a fim de barrar o progresso das políticas públicas voltadas para alterar o padrão de desigualdades raciais instituído no Brasil, pauta-se com sensibilidade e vontade política. Trabalha com o objetivo de realizar uma das missões superiores do Estado: assegurar a igualdade de direitos e oportunidades a todos sob sua guarda. Reconhece, sem medo, as injustiças e discriminações históricas sofridas por segmentos raciais e busca mecanismos capazes de interromper a saga de exclusão de uns, em que se sustentam tantos privilégios ou tratamento preferencial de que gozam outros em nossa sociedade. Sabe o governo que, se a sociedade é racista, o Estado Democrático de Direito não pode sê-lo, seja por ação, seja por omissão. Portanto, é preciso agir sobre

....

71. Artigo publicado originalmente no *Correio Braziliense*, 14 mar. 2003.

os mecanismos que perpetuam a exclusão de base racial. O Estado não pode compactuar com os processos de exclusão racial renitentes.

É essa determinação que se depreende de duas importantes decisões do governo federal. A primeira está prevista no Decreto n. 3.296/99, inciso III do art. 2º, que "trata das providências necessárias às ações publicitárias do poder Executivo Federal, que deverão contemplar a diversidade racial brasileira sempre que houver o uso de imagens de pessoas".

É uma medida que atende a reivindicações históricas do movimento negro e dos afrodescendentes brasileiros em relação ao direito à imagem, sempre minoritária ou inexistente na publicidade nacional. Impera aí um imaginário social em que a loirização se tornou o ideal de ego da sociedade em detrimento de sua realidade racial, majoritariamente negro/mestiça, extirpada ou estereotipada, reiteradora do que já se tornou lugar-comum dizer: a imagem da sociedade brasileira projetada nos veículos de comunicação de massa em geral e na publicidade em particular assemelha-se à de um país escandinavo.

No entanto, apesar da evidência inconteste da imposição autoritária e racista da brancura como modelo estético privilegiado de representação humana, em especial nos veículos de comunicação de massa, encontram-se vozes poderosas capazes de reagir a essa medida. Taxam-na de "oficialização da discriminação" pela exigência que ela contém de representação da diversidade racial (que compõe este país), nas peças publicitárias do governo. Na televisão holandesa existem doze âncoras negros. No Brasil, a presença de apenas um, no comando eventual do *Jornal Nacional*, tornou-se fato histórico pelo ineditismo.

Racismo, sexismo e desigualdade no Brasil

A primeira vez que vi uma mulher negra na capa de uma revista foi na Alemanha, em 1989. No Brasil, país com a maior população negra fora da África (quase 50% da população), isso continua fato raro. Os detratores dessa medida esperam que o governo se mantenha inerte diante da exclusão, contribuindo para eternizar o tipo de "democracia racial" que esses setores, desde o pós-abolição, efetivamente desejam para o país: projetem-se os brancos e escondam-se ou eliminem-se os negros.

A segunda decisão do novo governo que cabe registrar é o decreto de 10 de março de 2003 da Presidência da República, que instituiu o Grupo de Trabalho Interministerial para elaborar a proposta para a criação da Secretaria Especial de Promoção da Igualdade Racial. Conforme promessa do presidente Lula, o órgão será inaugurado em 21 de março, Dia Internacional de Luta contra a Discriminação Racial. Uma providência que atende a compromissos nacionais e internacionais do país de combate ao racismo e à discriminação racial. Essa secretaria terá por missão institucional, segundo o decreto, articular uma política nacional contra o racismo e promover a igualdade racial.

Espera-se que o ato de sua criação seja também um momento de reconhecimento da militância negra, que, historicamente, vem contribuindo para a construção do Partido dos Trabalhadores, mediante formulação de uma política contrária ao racismo no Brasil, bem como para o processo de transição do governo e, enfim, com o projeto político que legitimamente conquistou o poder.

30
Fora do lugar[72]

A revista *Tudo*[73] fez um teste comparativo sobre o estágio em vigor de nossa democracia racial, em novembro deste ano, buscando atualizar experiência semelhante realizada em 1967 pela revista *Realidade* e em 1990 pela revista *Veja*. Como nas anteriores, foram convidados três jornalistas, um negro, um branco e um oriental, para se passar por consumidores em "estabelecimentos comerciais dos Jardins, em São Paulo, reduto de lojas de grife, restaurantes caros e hospitais de primeira linha", para identificar diferenças de tratamento. Foram escolhidos estabelecimentos situados nas mesmas ruas e com as mesmas características dos testes anteriores. Os três jornalistas convidados usavam roupas do

....

72. Artigo publicado originalmente no *Correio Braziliense*, 7 dez. 2001.
73. [1] Disponível em http://www.midiaindependente.org/eo/red/2001/11/11944.shtml ou http://www.igualdaderacial.unb.br/iguladaderacial%2019%2011/pdf/Experiencia%20de%20discriminacao%20Revista%20Tudo%20.pdf. Acesso em: 02 fev. 2011.

mesmo estilo, e adotaram como ordem de entrada nos recintos em primeiro lugar o negro, seguido pelo oriental e, por último, sempre o branco.

Na primeira situação, em um restaurante de alto padrão, ao jornalista negro que esperava no balcão por uma mesa, foi sugerido: "Você não prefere escolher o seu prato e ser servido aqui mesmo?"

Embora ele tivesse chegado antes, a primeira mesa que vagou foi oferecida ao seu colega oriental, que chegara depois. Ao término da refeição, o garçom preocupou-se em perguntar ao negro se ele necessitava de nota fiscal, o que não lhe ocorreu perguntar aos demais, e, por fim, "os três pediram café depois de acertar a conta, mas apenas o negro pagou R$ 3,50 pela bebida".

Na segunda situação, em uma loja de grife famosa, o repórter negro que estava sendo atendido pela vendedora foi, segundo a revista *Tudo*, "abandonado às moscas" assim que o jornalista branco entrou. Ao oriental, depois de experimentar várias peças sem nada comprar, foi oferecido um "cafezinho em um salão anexo à loja", o que obviamente não ocorreu com o cliente negro.

Na terceira situação, em uma maternidade muito conceituada, uma série de dados que foram oferecidos ao jornalista oriental e ao branco foram simplesmente omitidos do negro, tais como: a oferta, pela maternidade, "de curso especial para gestante, *kit*-envelope informando todos os serviços da maternidade [...] e que o hospital disponibilizava um enxoval, sem custos, para o bebê".

A primeira ideia que se defende diante desses casos é a de uma suposição generalizada de que os negros não dispõem de poder aquisitivo para pagar serviços de qualidade, posto que está incrustado no imaginário social que eles são, em geral, pobres. Então estaríamos ante uma situação de discriminação de classe social, embora os três apresentassem, intencionalmente, os mesmos símbolos de *status*.

No entanto, a interferência da raça e da cor no tratamento diferenciado se revela em uma das "pérolas" colhidas pelos jornalistas no restaurante. Um dos clientes que esperavam por mesa comenta com outro: "A gente aqui esperando que nem bobo e o crioulo ali sentado na mesa belo e folgado com um copo de cerveja. Dá pra acreditar?" E mais, diz o cliente: "Nem o Pelé está mais com essa moral toda. Vocês viram a pisada de bola do negão?"

A frase não deixa dúvida sobre o saudosismo da "senzala", sobre a certeza de que aquele negro está "fora de lugar", ocupando o de "outro", o legítimo, tornado "bobo" por ter de esperar uma mesa, enquanto um negro desfruta de outra.

Uma frase exemplar que revela, na sua simplicidade, toda a lógica explicativa das desigualdades raciais e as "dificuldades" presentes no debate sobre as ações afirmativas: a ideia insuportável de ter de socializar com negros a espera e o acesso às mesas dos melhores restaurantes, escritórios, universidades etc.

Em duas das três situações descritas há um rito – o do cafezinho, cortesia da casa – para clientes preferenciais. Em uma das situações a bebida não é oferecida; em outra, cobra-se do negro uma multa simbólica, por estar ele "fora de lugar".

A racionalidade que governa as relações de consumo, em que cada indivíduo é um consumidor em potencial, não importando a cor ou origem do seu dinheiro, desde que ele seja suficiente para pagar o bem desejado, se fragiliza, na intersecção com a raça e a cor, renunciando à liturgia que compõe o assédio ao consumidor, o que revela que, em certas circunstâncias e para determinados círculos sociais, a possibilidade de contágio daqueles espaços e daqueles produtos, pelo estigma que envolve o negro, representa ônus superior à perda desse consumidor. O bem superior que se pretende preservar é a identidade daqueles espaços e produtos com um ideal de ego dos clientes, de pertencimento a um grupo de privilegiados, seres superiores, detentores do direito às melhores coisas do mundo. Como no caso da mulher de César, não basta ser rico, – tem também de parecer, encarnar a representação idealizada do consumidor de alto padrão, em relação à qual os atributos da negritude, para muitos, não têm correspondência inconciliável.

Há, portanto, espaços em que os negros não são desejados, nem como consumidores, nos quais operam os elementos de resistência determinados pelo estigma; é algo externo, não é da pessoa, mas anterior a ela. O medo do contágio do estigma expulsa os negros sutil ou violentamente dos espaços, também estigmatizados, como privativos dos brancos, em especial os das classes superiores.

Acredita-se que, no Brasil, é possível tornar-se branco ou negro dependendo da conta bancária. As situações relatadas revelam apenas a tolerância oportunista com que são tratados alguns negros que alcançaram prestígio e poder, mas, ao menor vacilo, são mandados de volta para a senzala.

Alguém já nos alertou que a mudança de paradigma exige um novo olhar. A transformação dessas imagens negativas que aprisionam os negros requer a emergência de um novo paradigma que subverta essa ótica discricionária, que cega a ética e desfoca o olhar.

TEMPO PRESENTE

31
At last[74]

O imaginário racista que povoa as representações sobre o negro comumente propõe imagens estigmatizadoras das famílias negras. Em geral, essas representações reiteram a visão de anomia das famílias negras. Ou, como no caso do Brasil, soma-se a essa representação a valorização, quase como uma forma de imposição, da imagem de casais que se prestam a referendar a ideologia da miscigenação como paradigma privilegiado das relações raciais exaustivamente utilizados por nosso mito de democracia racial. Esses clichês não deixam espaço para a visibilidade desses modelos de famílias negras que a era Obama traz à luz.

Especialistas norte-americanos das áreas de propaganda e *marketing* comentam sobre a mudança de paradigma imposta a com a ascensão de uma família negra à condição de *first family* e o impacto dessa novidade sobre os parâmetros

....

74. Artigo publicado originalmente no blog do Geledés, 22 fev. 2009.

consagrados de representação familiar; essa inflexão impõe mudanças nos critérios estabelecidos, segundo os quais o modelo de família seria sempre e somente o da família branca. Diante da nova realidade, percebem que, ainda que seja apenas a bem dos negócios, "têm de mudar os seus conceitos" e, sobretudo, os seus produtos.

Ele diz que ela é a rocha da família. Ela não desmente; ao contrário, afirma ter como prioridade ser primeira-mãe ou mãe-em-chefe, e não assessora ou conselheira política do presidente eleito, e sim sua esposa. E, como tal, e dado o seu temperamento, segundo dizem, não hesitaria em fazê-lo lavar a louça após o jantar familiar, mesmo na Casa Branca.

Anos atrás escrevi que os arquétipos que povoam a nossa tradição religiosa são prenhes de femininos que não se limitam aos arquétipos de outros sistemas de crenças nos quais as mulheres são categorizadas entre as santas e as nem tanto, das quais a Virgem Maria e Maria Madalena se tornaram os grandes estereótipos. Nas religiões de matrizes africanas, as deusas atravessam esses estreitos limites instituídos para o feminino. Elas são portadoras de características complexas, carregam ambiguidades que lhes permitem transitar entre a feminilidade e a virilidade sem deixar de ser ao mesmo tempo mães dedicadas e amantes apaixonadas. E as mulheres que as inspiraram assim o são, porque creio que inventamos os nossos deuses e deusas à nossa imagem e semelhança.

Os processos históricos acentuaram essa propensão: mulheres negras escravizadas à mercê de colonizadores que destituíram seus homens da condição de provedores e protetores tiveram de contar consigo mesmas e inventar formas de sobrevivência para si, suas famílias e, muitas vezes, também para seus homens. Fizeram de tudo nas casas grandes, nas senzalas e nas ruas, e graças a elas aqui estamos.

Michelle Obama é herdeira dessa experiência histórica como o são todas as mulheres negras que perseveram mundo afora. Mas, como as deusas negras, Michelle Obama não deixa também de expressar o outro lado da rocha, que se revela a cada toque de seu companheiro, que, com gestos sutis, porém carregados de sedução, faz emergir sua face apaixonada na qual se misturam encantamento e embaraço com a demonstração pública de afeto e admiração do parceiro.

Assim, ao som de *At last*, interpretado por uma Beyoncé visivelmente emocionada, pelo momento mágico a que tinha o privilégio de assistir tão de perto, o "primeiro-casal" exibiu publicamente amor, romantismo, sensualidade, traços de humanidade que os rígidos protocolos recomendam suprimir dessas ocasiões. Há décadas o MNU realizou uma campanha que tinha por *slogan* "Beije sua preta em praça pública". Uma palavra de ordem plenamente realizada por Barack Obama, aquele cuja "pegada" é capaz de derreter uma "rocha".

32
Mandela, Buscapé e Beira-Mar[75]

As identidades de classe e de raça permitiram que as contradições que opuseram no passado recente setores da classe média e dissidentes das elites ao regime militar fossem superadas. Militantes de esquerda, democratas sinceros, terroristas que combateram a ditadura tornaram-se senadores, ministros, deputados etc. Os demais, vivos ou mortos, foram anistiados e indenizados. Um ato de justiça e reparação. Eles, de fato, travaram o bom combate. No entanto, o povão – classe e raça subalternas – permaneceu onde sempre esteve, isto é, à margem do poder e de suas benesses. O povo pacífico e tolerante, que acredita ainda hoje no "Brasil, ame-o ou deixe-o", continuou punido com o abandono social. Nenhuma recompensa por tanta cordialidade e resignação.

"Quem não chora não mama." Quem não se rebela não merece respeito. Quem não luta em defesa de seus interes-

....
75. Artigo publicado originalmente no *Correio Braziliense*, 20 set. 2002.

ses não é digno de ter poder. É o que expressa o desprezo das elites por esse povo.

Beira-Mar e outros como ele entenderam a mensagem, mas estão construindo um novo paradigma para os do "andar de baixo". Nada de revolução nem de ideologia racial ou de classe. O niilismo burguês adquire nele releitura popular.

Sua imagem arrogante diz para uma massa jovem e despossuída que é possível chegar lá: tornar-se uma celebridade escoltada por dezenas de carros e homens, com direito à "luz, câmera, e ação"; ter poder de mando e de negociação mesmo encarcerado. Desfrutar de pijamas de seda, salmão, picanha, babá para os dez filhos, celulares a granel e um batalhão de advogados e subordinados. Esbanja poder e tripudia das estruturas que historicamente tripudiam de gente que vem de onde ele vem.

Renunciou à cesta básica da solidariedade, às políticas compensatórias, às esmolas que aplacam consciências, controlam a indignação e domesticam a revolta. Deixou para trás a fase romântica do crime organizado em que barões do jogo do bicho e das elites emprestavam prestígio uns aos outros, diante dos dois mundos, desfilando abraçados na Sapucaí.

Filho dos tempos atuais, Beira-Mar, adepto do livre mercado e do unilateralismo, sabe que hoje, em qualquer concorrência, impera apenas a lei do mais forte. E que o "respeito" conquistado será proporcional à crueldade aplicada aos inimigos. O que mais se pergunta nas ruas é por que ainda não o mataram. Insinua-se que sua vida tornou-se preciosa para muita gente que tem nome e sobrenome, não apenas apelido. Ele aprendeu, à sua moda, o sentido da "política de alianças".

Como candidato ao posto supremo do crime organizado, sabe que deve assegurar uma política de geração de renda e empregos; que para conquistar e manter o poder é preciso, além da força bélica, uma política eficiente de "persuasão" capaz de destruir inimigos física ou moralmente. Entendeu que o inimigo de hoje pode ser o aliado de amanhã, e que é preciso poupar alguns do campo adversário que podem, no futuro, facilitar as alianças, indispensáveis para assegurar, sob um comando único, a governabilidade do sistema do tráfico.

Nesse caldo de cultura correm soltas as divagações sobre o filme *Cidade de Deus*, que não vi, mas sobre o qual li muito. O que mais impressiona nas reações ao filme é o "choque" de realidade provocado pela ficção. Hipocrisia? Alienação? Dentre as opiniões previsíveis, gosto especialmente de formulações como esta, de um espectador, registrada nesse jornal: "O filme mostra que é possível conviver com o crime sem necessariamente fazer parte dele". Essa é a aposta que o governo tem feito para manter políticas de exclusão e também a sociedade para justificar sua indiferença: os bons sempre sobreviverão na retidão, os maus sucumbirão ao pecado. Uma espécie de darwinismo de matriz religiosa.

A complexidade que o crime organizado estabeleceu nas relações sociais em que se combinam, de um lado, promiscuidade e corrupção entre marginalidade e poder público e, de outro, atemorização e ausência de opção para as comunidades sob o controle do tráfico, exige muito mais do que profissão de fé para que os Buscapés da Cidade de Deus não se tornem amanhã Fernandinhos da Beira-Mar.

Mandela dizia que só homens livres negociam e que sua liberdade era a liberdade de seu povo. Ele não previa o que o destino reservava a si, um homem encarcerado.

Racismo, sexismo e desigualdade no Brasil

A emergência de lideranças da estatura de Mandela foi "uma oportunidade histórica suprimida" no Brasil, expressão cunhada por Barrington Moore Jr.[76]. O preço dessa decisão é a sociedade ter crescentemente de negociar com "gente" como Fernandinho Beira-Mar.

Uma escolha, no mínimo, trágica.

....

76. MOORE JR., Barrington. *Injustice: the social bases of obedience and revolt*. Londres: Palgrave Macmillan, 1978.

33
Barbárie[77]

Até há pouco tempo se sabia, com base na experiência cotidiana, quem eram, em geral, as vítimas da violência: negros, pobres, moradores das periferias, reféns da dinâmica da violência estrutural em que coadjuvam policiais corruptos, grupos de extermínio e controladores do tráfico de drogas. O crime de sequestro também tinha um padrão claro: atingia pessoas das classes dominantes. O caráter endêmico que a violência vem assumindo, estimulada pela omissão do poder público, alcança hoje, além dos de sempre, pobres remediados e diferentes extratos das classes médias, muitos dos quais se veem obrigados a vender um carro velho, sua moradia, ou endividar-se para salvar a vida de um parente que está nas mãos de criminosos.

O mais chocante e desesperador é a evidência de que os homens públicos, responsáveis pela nossa segurança, se mos-

....

77. Artigo publicado originalmente no *Correio Braziliense*, 25 jan. 2002.

Racismo, sexismo e desigualdade no Brasil

tram tão perplexos e desorientados quanto a própria população indefesa. Planos propostos não são executados e quando o são mostram-se ineficazes.

Acreditou-se que essa violência ficaria confinada, no bordão de Elio Gaspari, ao "andar de baixo", limitando-se ao extermínio dos que, de fato, já agonizam socialmente, na miséria, na pobreza e na desesperança. Na ausência de projetos de inclusão da "gentalha", a indiferença e a impunidade diante da eliminação física que os abate são correlatos do abandono social em que estão imersos. E supôs-se que seria possível "administrar" casos eventuais que envolvessem os do "andar de cima", para os quais é preciso dar satisfações à opinião pública e, portanto, aplicar as técnicas rigorosas de investigação, identificação e punição de criminosos.

A indiferença que cerca a violência de que são vítimas os segmentos excluídos da cidadania, aliada à impunidade de seus autores e dos setores abastados pelo próprio crime, permitiu que a articulação da marginalidade de "baixo" com a de "cima" instituísse novos e diversificados padrões de violência que ameaçam a todos. Poderes paralelos aos do Estado de Direito se instituem. Agrupamentos de marginais, à revelia do Estado, e por vezes com a conivência deste, se apropriam de territórios, impõem-lhes formas de regulação da vida social: códigos de ética e de conduta são estabelecidos, ajustados a interesses criminosos, dos marginais de "baixo" e dos de "cima", situação corrente em bairros periféricos e favelas das grandes cidades. Nos territórios "livres", as classes médias e altas constroem fortalezas que cada vez mais menos as protegem.

No mesmo dia em que foi assassinado o prefeito de Santo André, Celso Daniel, 109 outros brasileiros também o foram. É a média diária nacional, perfazendo 40 mil assassinatos anuais, sendo as vítimas, em sua maioria, jovens. O Brasil dá-se ao luxo de perder 40 mil vidas por ano por descaso, insensibilidade social, impunidade e todos os adjetivos redundantemente repetidos pela opinião pública.

Conheci Celso Daniel. Acredito que seria seu desejo que sua morte trágica resultasse em um fato político capaz de produzir ações concretas para o fim desse extermínio silencioso de brasileiros. Mas a tendência é continuarmos a perder pessoas como ele, que se empenham em alterar as condições que determinam essa absurda realidade, e permanecer da matança dos de sempre.

Diante da barbárie, a primeira vítima é a lucidez.

34
Odô Iya[78]

Estão circulando em algumas redes na internet dois documentos produzidos pela Igreja Metodista do Brasil. Um deles, chamado "A televisão e os valores do Evangelho: uma proposta de reflexão para a Igreja Metodista", e o outro, "Pronunciamento dos bispos", fazem parte de uma campanha sobre a má qualidade dos programas televisivos. Neles há uma convocação aos cristãos, e em especial aos metodistas, para uma cruzada contra a degeneração dos valores éticos, morais e familiares na programação televisiva com ênfase ao que é veiculado nas novelas da Rede Globo.

São libelos contra o imobilismo, a apatia ou a indiferença dos telespectadores diante da crescente decadência dos valores cristãos. Exortam os seus fiéis a resgatar os exemplos de resistência e de testemunho no passado cristão visando encontrar a coragem para enfrentar as novas modalidades

....

78. Artigo publicado originalmente no *Correio Braziliense*, 27 abr. 2001.

de violência promovidas pelos meios de comunicação enfatizando que "devemos ter uma palavra e uma ação proféticas em relação à agressão que boa parte da mídia (televisão, jornal, rádio) e do mercado fonográfico exerce contra o nosso povo, inclusive os cristãos e, em particular, as crianças, adolescentes e jovens. Queremos ter uma palavra profética e pastoral nesse sentido".

Os documentos evoluem em uma linha crítica, porém civilizada, até que o inevitável acontece! O que parecia uma convocação cívica em prol do restabelecimento de valores éticos mínimos embasadores da vida social revela seu alvo fundamental: o tradicional ataque aos cultos afro-brasileiros e, nesse caso específico, ao candomblé, sobretudo a Iemanjá, a bola da vez da ira e da intolerância evangélica.

Diz um dos documentos:

> Agora, em um gesto de desprezo ao seu público evangélico (ou simplesmente apostando na indiferença dele!), a TV Globo promove abertamente o candomblé na novela *Porto dos milagres*, com direito a música-tema dedicada a Iemanjá, na voz de Gal Costa. E lá estão profissionalismo, recursos tecnológicos, muito dinheiro e artistas queridos pelo público, como Marcos Palmeira, Letícia Sabatela, Flávia Alessandra e Antônio Fagundes, dando vida, conteúdos e realismo à história [...]. E, aparentemente, a maioria dos atuais autores de novelas poderosos da TV Globo é agnóstica, esotérica ou do candomblé.

Evidentemente não há nesses textos nenhuma referência à violência sistemática praticada pelas igrejas eletrônicas evangélicas contra as religiões afro-brasileiras; menos ainda

Racismo, sexismo e desigualdade no Brasil

à demonização que promovem delas. Nem à hegemonia televisiva de que gozam as denominações evangélicas ou ao desrespeito que praticam em relação a outros cristãos, por exemplo, aos santos católicos, preferencialmente os negros, como o tratamento, a pontapés, dado por um pastor evangélico a uma imagem da Padroeira do Brasil em rede nacional. Mas o texto é prenhe na defesa de direitos, mas não do direito constitucional que outras modalidades religiosas não cristãs têm de existir, de se expressar e gozar da mesma visibilidade nos meios de comunicação que as religiões cristãs, mesmo não detendo o poder econômico e político delas.

Dizem os bispos:

> Agora, em duas novelas novas, há quebra dos valores morais e da prática de uma filosofia de vida que não combina com a formação cristã do povo brasileiro, sendo vítima a religião. De um lado, uma das novelas exalta o candomblé e o culto a Iemanjá. A outra promove o esoterismo. Como os atores que as representam são muito queridos pela população, essas novelas acabam influenciando milhares de pessoas, particularmente os fãs adolescentes, a aceitar uma espiritualidade mágica que se opõe radicalmente ao Evangelho de Jesus, vendendo, ou iludindo, o povo brasileiro ao considerar o candomblé como religião e o esoterismo como espiritualidade.

Além da intolerância às formas não cristãs de religiosidade e espiritualidade, chocam a arrogância e o autoritarismo de quem se sente imbuído do direito de nomear, classificar, catalogar e definir o que seja ou não religião e espiritualidade. A mera pretensão e a prepotência que lhe acompanham depõem contra a legitimidade religiosa e espiritual de quem assim procede.

Na tradição afro-brasileira, Iemanjá tem sob seu domínio as forças do inconsciente. Conta um mito que "Oxalá enlouqueceu" e Iemanjá "cuidou de seu *ori* enlouquecido, oferecendo-lhe água fresca, *obis* deliciosos, apetitosos pombos brancos, frutas dulcíssimas. E Oxalá ficou curado. Então, com o consentimento de Olodumare, Oxalá encarregou Iemanjá de cuidar do *ori* de todos os mortais"[79].

Estão sob sua guarda as forças irracionais do psiquismo humano, que recalcadas produzem comportamentos antissociais ou intolerantes. Por isso eu peço, senhora das Águas: perdoai, porque eles não sabem o que fazem!

---

79. PRANDI, Reginaldo. *Mitologia dos orixás*. São Paulo: Companhia das Letras, 2001.

35
O teste do pezinho[80]

O *Correio Braziliense* de 15 de junho de 2001 trouxe na coluna Últimas a nota "Ampliando o teste do pezinho". Nela, consta que,

> até setembro, todos os 26 estados terão redes de triagem neonatal. Isso significa que cada uma das três milhões de crianças que nascem anualmente no país fará o "teste do pezinho", hoje feito em apenas 60% dos recém-nascidos. A determinação consta da Portaria 822, assinada pelo ministro da Saúde, José Serra, semana passada. Além de ter a cobertura ampliada, o exame vai diagnosticar mais duas doenças: a fibrose cística e a anemia falciforme.

O teste do pezinho em recém-nascidos para detecção da anemia falciforme, doença genética que estima-se atingir

....

80. Artigo publicado originalmente no *Correio Braziliense*, 22 jun. 2001.

em torno de 10% da população afrodescendente, na qual é prevalente, e 2% de outros grupos étnicos, é uma das mais antigas reivindicações dos negros brasileiros em termos de saúde pública. Portanto, recebe-se com grande entusiasmo a portaria do Ministério da Saúde que assegura nacionalmente a triagem neonatal para a identificação desta entre outras doenças genéticas e ainda não curáveis.

Mas o teste do pezinho é, segundo os especialistas e os ativistas negros da área da saúde, apenas a porta de entrada para o tratamento dessa doença, que consiste na maior doença genética do país e faz que os seus portadores tenham uma esperança de vida em torno de 20 anos em função da ausência de diagnóstico precoce e de tratamento adequado. Em países em que isso ocorre, como os Estados Unidos, a esperança de vida dos portadores de anemia falciforme chega a atingir até 65 anos.

Por isso, preocupa a ausência de informação sobre a articulação dessa importante iniciativa do Ministério da Saúde com uma política de atenção, pela rede pública de saúde, aos portadores dessa doença. Teme-se que a portaria do Ministério da Saúde não avance no sentido de integrar o teste do pezinho para anemia falciforme no contexto mais amplo de implantação do Programa de Anemia Falciforme do Ministério da Saúde (PAF/MS), de agosto de 1996, desenvolvido por um grupo de trabalho instituído pelo Ministério da Saúde composto de especialistas em saúde da população negra, encarregado de pensar uma política nacional para a anemia falciforme que resultou no PAF/MS. Segundo uma de suas formuladoras, a médica Fátima Oliveira, o PAF prevê, além do diagnóstico neonatal a todas as crianças nascidas em hospitais, a busca ativa de pessoas acometidas pela doença; a promoção da entrada no programa de pessoas diagnosticadas e que venham a ser diagnosticadas, a ampliação do acesso aos serviços de diagnóstico e tratamento de qualidade; o estímulo e apoio às associações de falcêmicos e às instituições de pesquisa; a capacitação de recursos humanos; a implementação de ações educativas e questões referentes à bioética, tais como: o teste de anemia falciforme só será realizado após consentimento livre e esclarecido, além do que há o compromisso ético de garantir o direito à privacidade genética que inclui o direito ao sigilo e à não discriminação, e ainda comissões de bioética.

O PAF/MS recomenda também que a sua implementação deve se

iniciar com medidas que possam ser realizadas a curto prazo, tais como: organizar o cadastramento dos pacientes e dos centros de referência; desenvolver projetos educacionais: cursos técnicos e práticos dirigidos a profissionais de saúde, incluindo quesitos relativos ao aconselhamento genético e aos aspectos éticos; garantir a disponibilidade dos imunobiológicos e medicamentos básicos aos pacientes com doença falciforme.

Em função de todas essas questões, considera-se que a mera oferta de diagnóstico (se for esse o caso da referida portaria), sem a retaguarda de tratamento para o recém-nascido, sua família e falcêmicos em geral, pode provocar uma situação de mais aflição e desamparo pelo aumento da demanda e inexistência de atendimento efetivo no sistema público de saúde.

Nesse clima de absoluto pessimismo que assola o país, em especial quanto aos nossos dirigentes, uma notícia recente do noticiário internacional elevou a autoestima dos brasileiros: o reconhecimento da excelência do Programa de Combate à Aids do Brasil, que já se constitui em referência para o mundo pelo acesso que os pacientes têm ao tratamento, pelo barateamento do custo dos medicamentos, pelo aumento da qualidade e da esperança de vida dos portadores do vírus e pelas mortes prematuras já evitadas.

A implantação do PAF, nos moldes em que ele está concebido, permitiria alcançar os mesmos resultados positivos que conseguimos em relação ao combate à aids, com custo menor e para um número muito maior de pessoas do que aquelas contaminadas pelo HIV.

É, portanto, um desafio pequeno para o Ministério da Saúde, diante da batalha que está sendo travada e, felizmente, até o momento, saindo vitoriosa, proposta pelo ministro José Serra, para assegurar o direito das vítimas da aids ao tratamento e à qualidade de vida digna. Os falcêmicos esperam do ministro a mesma sensibilidade e compromisso para com a sua saúde e suas vidas.

Acesse, conheça o nosso catálogo e cadastre-se para receber informações sobre os lançamentos.

www.gruposummus.com.br